L

LE

MARÉCHAL BUGEAUD

RÉCIT

des Champs, des Camps et de la Tribune.

IMPRIMERIE DE NAPÓLEON CHAIX ET Cie, RUE BERGÈRE, 20.

LE
MARÉCHAL BUGEAUD

RÉCIT

DES CHAMPS, DES CAMPS ET DE LA TRIBUNE,

PAR

M. ARTHUR PONROY.

« Je m'accommoderais mieux que beaucoup
d'autres d'une république sage, comme celle des
États-Unis, par exemple. Personne n'était mieux
que moi préparé pour la vie démocratique. J'ai
toujours vécu dans l'intimité du peuple, soit
dans les champs, soit dans les camps; mais j'ai
horreur de la démagogie, précisément parce que
j'aime le peuple, dont elle a fait le malheur dans
tous les temps. » MARÉCHAL BUGEAUD.

PARIS

MICHEL LÉVY FRÈRES, ÉDITEURS,

RUE VIVIENNE, 1.

—

1849.

AUX SOLDATS

ET

AUX PAYSANS.

C'est à vous, hommes de la discipline, et à vous, hommes du labeur patient, que j'offre ces pages rapidement burinées au bord d'une tombe, en l'honneur d'un grand citoyen.

En inclinant vos esprits sur l'enseignement providentiel que nous apporte, en son cours et en sa fin, cette laborieuse existence, — vous devez à la fois vous attrister et vous réjouir.

1

Vous attrister, car nul autre peut-être ne portera si haut que lui le double drapeau de la vraie Démocratie, la gloire de l'épée et la gloire de la charrue.

Vous réjouir, car la mort d'un pareil homme et dans une pareille époque est un de ces signes avertisseurs qui annoncent le salut aux civilisations menacées, et leur commandent le bon chemin.

Voici la seconde fois que le dieu qui protége la France lui donne une suprême leçon, et symbolise son avenir par la mort étonnante de ceux-là mêmes qui avaient la signification la plus haute dans notre société que le vertige entraîne.

En tombant frappé d'une balle sur le pavé sanglant des barricades, l'archevêque de Paris a fait entendre à la France qu'il était temps peut-être qu'elle prosternât son orgueil malade dans l'amour, dans la piété, dans la religion.

En succombant sous l'influence vengeresse d'une de ces épidémies qui suivent les révolutions comme le vautour suit les armées, le maréchal Bugeaud a fait entendre à la France que si elle prétendait compter encore dans le monde, il fallait qu'elle se battît bravement, qu'elle se disciplinât sans relâche, et qu'elle labourât ses déserts.

La balle qui a tué l'archevêque de Paris nous
a dit :

— Humiliez-vous et priez.

Le mal soudain qui vient d'emporter le maréchal de France nous dit à tous :

— Disciplinez-vous, et allez demander à la
terre le pain qui vous manque et la santé morale que vous n'avez plus.

La civilisation moderne ne voudrait pas entendre la voix des timides et des nouveaux arrivés. Pour qu'elle se décide à comprendre, il faut
que Dieu la frappe dans ce qu'elle a de plus grand
et de plus cher.

Dans l'état de violence, de fausseté, d'empêchement mutuel, de désordre et de basse ignorance où se lamente la société, il n'y a que les
grandes catastrophes qui la puissent enseigner; il
n'y a que les douleurs cuisantes qui puissent de
ses yeux arracher le triple bandeau, de sa main
le fer dont elle prend un affreux plaisir à se poi-
gnarder elle-même.

Citoyens soldats et citoyens paysans, j'ai donc
raison de dire que si vous devez pleurer sur cette
existence, qui était pour vous une gloire, vous
devez aussi vous réjouir de cette mort qui est
pour tous une leçon; de cette mort qui indique

et affirme vos fronts cuivrés et vos rudes épaules comme la force et le salut de la civilisation tout entière.

Qu'on ne vienne pas me dire que le maréchal Bugeaud est mort dans son lit !... car j'atteste, moi, qu'il est mort sur le champ de bataille de la Providence ; et qu'ayant vécu comme le talent qui fait de grandes choses, il s'en est allé de ce monde comme le génie qui commande la foi.

De toutes parts on demande le mot de l'énigme, le penchant des temps modernes.... Ce mot, ce sont les hommes qui le cherchent, et c'est la mort qui le prononce.

Mais c'est à vous surtout, soldats, et à vous aussi, paysans, que cette mort impose de grands devoirs, parce que c'est à vous qu'elle donne la garde et la fécondation de l'avenir.

Vous soldats, hommes simples et soumis à la loi, hommes de cœur, de courage et de loyauté ; vous qui êtes appelés à commander, parce que vous savez obéir ; vous qui aimez et respectez ; vous qui êtes le dernier rempart d'une civilisation en délire, vous garderez, en souvenir du vieux maréchal, de votre ami, de votre père, le respect de la loi, de la discipline et de l'autorité ; car sans loi, sans dicipline, vous ne seriez plus que des brigands armés ou des sicaires de Bas-Empire.

Et, vous y songerez, celui-là qui ne porte pas dans son esprit la règle, l'ordre et la loi, celui-là ne porte pas dans sa giberne le bâton de maréchal de France.

Et vous paysans, nobles outragés d'une civilisation puérile et ignorante ; soldats du sillon disciplinés par le soleil et la tempête, vous qui semez au lieu de détruire, et dont la nature est le capitaine ; vous qui avez l'ordre dans l'esprit et un légitime espoir dans le cœur, vous demanderez à l'ordre seul et à la loi ce que le laboureur d'Excideuil voulait vous donner à tous, un peu du pain de vos guérets, un peu du vin de vos vignes et du fruit de vos vergers. Comme lui vous aurez foi dans la fécondité de l'ordre et dans la recherche patiente. Comme lui vous prendrez en horreur la routine du travail, qui est la fainéantise de l'esprit; et le trompeur mirage de la démagogie, qui est l'hallucination de l'intelligence.—Nul plus que vous, fils de la nature, ne peut se vanter de la force et de la patience ; et il ne vous manquera plus rien dès que vous aurez comme votre ami, ce vieux socialiste de l'agriculture, l'esprit d'investigation, de tentative et d'expérience.

Soldats, en contenant — fût-ce avec la cami-

sole de force — la rage des fous et des convul-
sionnaires ;

Paysans, en faisant comprendre par vos votes
que, tout en exécrant l'anarchie, vous prétendez
vivre et remuer vos champs infertiles ;

Vous sauverez la France, et peut-être cette civilisation fièvreuse qui menace de s'abîmer dans
la paresse exigeante et dans la folle indiscipline,
ces deux fléaux de l'humanité.

En agissant ainsi, soldats et paysans, vous serez avec l'âme du maréchal Bugeaud ; vous com-
pléterez son œuvre, et vous aiderez en sa gloire
humanitaire, ce courageux pionnier de la démocratie moderne.

A. P.

I.

Limoges, Austerlitz, Tarragone et la Haute-Isère.

———

Point ne veux m'appesantir sur les mille et mille circonstances biographiques de la vie du maréchal Bugeaud.

Point ne veux me livrer à une aride compilation de dates et de faits que tout le monde peut feuilleter à loisir dans cent journaux et dans vingt brochures.

Peu nous importe à nous, hommes du camp, de la terre ouverte, ou de la page écrite, que le vainqueur d'Isly soit né vicomte ou forgeron, dans la rue des Taules ou la rue de la Cruche-d'Or.

Il s'est fait père du peuple : nous avons donc à le saluer fils du peuple, fils de ses œuvres, en faisant disparaître dans l'éclat de sa gloire l'humilité de sa naissance ou l'obscurité de sa gentilhommerie.

Ce que nous voulons du maréchal Bugeaud, nous autres cœurs passionnés, esprits attentifs, c'est le mouvement, le drame, la couleur et la signification de cette radieuse existence. Nous voulons le voir en habit de paysan, devançant l'aube, pour aller atteler ses bœufs de labour, ardent à remuer les solitudes et à leur commander la moisson. Nous voulons le voir en habit de général, désignant du sabre à ses vaillants soldats le bedouin de la Kabylie ou le bedouin de la barricade ; nous voulons le voir tranquille et victorieux dans les plaines du Maroc, pendant que le soleil d'Afrique enflammait le cuivre de ses escadrons, et que les cavaliers noirs d'Abd-er-Rhaman s'enfuyaient dans un tourbillon de sable. Nous voulons le voir aussi quand, en habit de citoyen, la main étendue sur le velours de la tribune républicaine, il vint, conseillé peut-être par le sentiment de la mort, commander la modération, lui qui jamais n'avait invoqué que la force.

Thomas-Robert Bugeaud, né à Limoges le 15 octobre 1784, était un homme de haute taille, dont la figure expressive disait loyalement l'esprit et le caractère.

Dans ces dernières années, son front large et altier comme les têtes de la grande révolution, était décoré de cheveux d'une rare finesse et d'une merveilleuse blancheur. Ses yeux petits, ronds et fixes d'ordinaire, étaient étincelants comme les prunelles du lynx. Il avait la figure marquée de petite vérole, le nez légèrement aquilin, la bouche grande, mince et railleuse, la joue pleine, le cou charnu, les épaules larges et le geste impérieux. Le caractère de l'œil et le caractère de la ride étaient tout pour ainsi dire dans cette physionomie essentiellement gauloise. L'œil disait une volonté de fer, une autorité de soi vraiment extraordinaire, mais en même temps une passion presque farouche de pénétrer, de commander, et d'imposer à qui que ce fût cette volonté que tout homme vraiment fort commence par s'imposer à soi-même. Sa ride disait la raillerie rageuse, et une sorte de défiance intellectuelle qui se réfugiait sans cesse sous une âpre et agressive moquerie.

Sa figure, en un mot, était expressive, originale et forte. Il y avait à la fois de l'ardeur, du commandement et de la bonhomie. — Par le visage comme par l'esprit, comme aussi par sa vie entière, le maréchal était paysan et soldat.

A la bataille d'Austerlitz, pendant que Napoléon mettait le comble à sa gloire, pendant qu'il se faisait litière de sceptres et de couronnes, le grenadier Thomas-Robert Bugeaud déchirait bravement la cartouche et gagnait ses galons de caporal. Certes alors celui-là eût bien étonné l'empereur qui, désignant du doigt le soldat aux yeux ronds et aux cheveux roux, eût dit au dictateur du monde :

« Ce grenadier, que mille morts menacent, et sur qui pleuvent les balles, dormira côte à côte avec toi sous le dôme des Invalides ! »

L'année suivante, le caporal fut nommé sous-lieutenant au 64ᵐᵉ de ligne.

Avec son nouveau régiment, il parcourut la Prusse, la Pologne, fut grièvement blessé au jarret dans les champs de Pulstuk, et repassa par la France pour aller en Espagne avec le garde de lieutenant adjudant-major.

Nommé bientôt capitaine de voltigeurs, puis de grenadiers dans le 116ᵉ de ligne, il ne devait plus quitter l'armée d'Aragon jusqu'en 1814.

Au siége de Tortose, après une sanglante mêlée, quand déjà les Espagnols pliaient et faisaient un pas en arrière, le ci-devant caporal d'Austerlitz, déjà préludant à son système d'agression infatigable, les poursuivit et les dispersa jusque dans leurs murs, comme plus tard il devait poursuivre les Kabyles jusque sur la crête de leurs montagnes.

Nommé chef de bataillon, nous allons le retrouver devant Tarragone, partant avec huit cents hommes d'élite pour dégager le fort d'Amposta, entouré par les Valenciens.

Surpris et effrayés, ces derniers s'échappent de la ville. Bugeaud prend avec lui cent cinquante hommes de la garnison du fort, rencontre et rallie la petite colonne du capitaine Binot, et rejoint les Valenciens au moment où ils mettaient en batterie les pièces débarquées par les Anglais. Malgré leur nombre il les aborde au pas de charge, les renverse, les poursuit, et ne s'arrête, toujours semblable à lui-même, qu'après les avoir dispersés.

Dès ce moment, ses faits d'armes grandissent et se multiplient : la destruction des bandes de l'Aragon, le combat de Yécla, les siéges de Sagonte, Tarragone, Valence, et ses hardis coups de mains sur l'armée anglaise campée près d'Alicante.

Après la bataille de Vittoria, quand l'armée d'Aragon dut opérer une retraite pénible et dangereuse sur la Catalogne, le maréchal Suchet confia l'arrière-garde au commandant Bugeaud, et eut lieu de s'en applaudir ; car au combat d'Ordal, ce dernier fit des prodiges de valeur et ramena la victoire sous nos drapeaux menacés.

Dans l'hiver de 1813 à 1814, il fut chargé des avant-postes de l'armée sur le Lobrégat. La position était difficile; rien cependant ne put l'empêcher d'enlever plusieurs détachements à l'ennemi, et notamment, près de la ferme d'Ordal, un escadron de hussards noirs anglais. Pour avoir raison de tant d'audace, on mit en mouvement contre lui quatorze mille hommes qu'il repoussa plusieurs fois avec la plus grande énergie. Il eut alors deux chevaux tués sous lui.

En 1813, il fut nommé lieutenant-colonel et placé à la tête du 14e régiment de ligne.

Mais bientôt l'étoile de l'empereur Napoléon devait pâlir. Déjà la Providence semblait demander au héros un compte sévère de son étonnante fortune; l'Europe se réveillait menaçante ; la France pliait sous le fardeau de sa gloire; ses victoires n'étaient plus que des fantômes qui venaient à la fois l'effrayer et l'avertir. Le temps était venu pour les adorés du succès de se montrer fermes dans les revers; la France ne devait avoir ni cette grandeur ni ce courage, ou, si mieux l'aiment les sceptiques, cette folie de l'héroïsme. Napoléon tomba : l'armée française courba la tête, et tous, citoyens et soldats, tendîrent leurs mains dociles à la légalité nouvelle.

Le lieutenant-colonel Bugeaud resta à la tête du 14e régiment, et quelques semaines après il en fut nommé colonel.

Mais, semblable en cela à ses plus glorieux frères d'armes, le futur Africain ne devait pas résister à ce dernier élan de l'enthousiasme qui porta une seconde fois Napoléon sur le trône impérial.

Bugeaud fut un rallié des Cent-Jours, et dans ce dernier effort de la France agonisante, le jeune colonel recula devant la mauvaise fortune avec autant de force que pas un autre; et fut plus grand que beaucoup, car il devait expier les malheurs de son pays par seize années de retraite, et les venger par quinze années de victoires.

Envoyé à l'armée des Alpes, il s'y retrouva sous les ordres du maréchal Suchet, qui lui confia son avantgarde dans la vallée de la Tarentaise. Ayant reçu l'ordre d'attaquer le 15 juin, il enveloppa et prit dans la nuit un bataillon de chasseurs piémontais dans le village de Saint-Pierre d'Abligny. Au jour, il rencontra une nouvelle brigade, l'attaqua, la mit en déroute et lui fit 200 prisonniers en la poursuivant jusqu'à Conflans.

Le 23, il surprit et détruisit un autre bataillon à Moustier, sur la haute Isère.

Le 28 juin, il reçoit le bulletin de la bataille de Waterloo et la députation qui lui apporte l'aigle remise au Champ-de-Mai, pendant que se répandait le bruit d'une seconde abdication.

Le colonel Bugeaud était de ces hommes dont la force morale grandit avec le danger et même avec l'indécision des circonstances.

Il rassembla ses hommes, leur fit jurer de mourir pour la défense du drapeau, et reçut au moment même la nouvelle de l'arrivée des Autrichiens.

« Messieurs, dit-il à ses officiers, reprenez vos postes et rappelez-vous vos instructions : la France nous reste!»

Le fait d'armes qui suivit ces laconiques paroles est

certainement l'un des plus beaux de notre histoire militaire. 10,000 Autrichiens , en dix heures de combat ,
non-seulement ne purent entamer les 1,700 de Bugeaud;
mais celui-ci, fidèle à sa loi de guerre, finit par les charger intrépidement, et les chasser du champ de bataille.

2,000 hommes tués, 960 prisonniers furent les résul-
tats de cette victoire.

Mais le colonel Bugeaud ne devait pas même en poursuivre les effets. L'armistice venait de se conclure dans
la vallée de Maurienne , entre Suchet et le comte de
Bubna. La destinée de Napoléon était accomplie ; le
grand empereur se retirait de la lutte après une effroyable défaite , tandis que l'homme de l'avenir s'en
allait après une victoire, enveloppé cependant dans la
terrible catastrophe qui venait d'accabler son pays.

Fidèle aux suprèmes élans de la gloire impériale, le
colonel ne fut point frappé comme le prince de la Mos-
kowa ; mais aussi ne vint-il pas, comme tant d'autres,
mendier la faveur et le pardon des victorieux.

Compris dans la mesure du licenciement de l'armée,
il revint en Périgord, le cœur ulcéré, mais loin de s'attendre sans doute au spectacle nouveau qui allait frapper son regard profond et investigateur.

Il venait de voir la France perdue, écrasée, ruinée sur
les champs de bataille, sans que lui, simple colonel, eût
rien pu faire pour le salut du pays ; de retour aux
champs, il les trouvait mornes, déserts, incultes, pauvres à faire horreur, et donnant à peine au soc pares-
seux l'herbe du pâturage et le pain noir de la misère.

Quelles douloureuses pensées durent assaillir cette âme
passionnée, cet esprit travailleur et diligent, quand il

s'arrêta sur le sommet désert d'une de ces collines qui
accidentent les solitudes du Périgord?

D'immenses pelouses sans culture ; des bruyères à
perte de vue, uniformes comme les vagues de l'océan;
quelques châtaigneraies clair-semées sur le penchant
des monticules, avec des bandes de pourceaux alen-
tour, et quelques huttes de bois et de terre dans le fond
d'un silencieux ravin. Que dut-il penser quand il mit
le pied sur le seuil de ces chaumières où l'homme,
l'enfant, la jeune fille, le chien et le pourceau couchent
et s'alimentent pêle-mêle autour d'un immense pot de
grès, où chacun va puiser la poignée de châtaignes
bouillies, et presque toujours à demi gâtées?

Que dut-il penser, le soldat actif et résolu, quand il
eut compris, sans le dire peut-être, qu'au point de vue
agricole et ouvrier, la France était une nation de qua-
trième ordre, qui n'avait — et n'a peut-être encore,
hélas! — de l'économie sociale que le bavardage et la
pédanterie?

Il sentit son rôle en ce monde. Comprenant déjà par
instinct tout l'avenir de son pays, il se consola de ne
plus pouvoir défendre la France, par l'espoir de la rendre féconde, et de lui indiquer une œuvre à faire, pour
le jour où elle se réveillerait à l'action.

Dès ce moment, Thomas-Robert Bugeaud pendit au
clou son épée, déposa ses épaulettes de colonel, s'habilla
de la bure du paysan, et entreprit de coloniser et de cul-
tiver une des contrées les plus sauvages, les plus déser-
tes, les plus solitaires de ce pays de France qui, sur tant
de points, se montre si sauvage et si solitaire !

Pendant que Napoléon mourait à Sainte-Hélène, que

Béranger faisait de sublimes efforts de génie pour conso-
ler sa patrie humiliée, Bugeaud fendait la terre inculte,
défrichait les bruyères, et se faisait peuple avec le paysan,
après avoir été peuple avec le soldat.

Au lieu d'obéir à la diane éclatante, il obéissait au ga-
zouillement de l'hirondelle matinale. Après avoir été tueur
d'hommes, il se faisait semeur de blé, bien assuré qu'un
jour ou un autre, il devrait quitter encore sa maison des
champs pour habiter la tente du soldat.

II.

Excideuil, Blaye et Paris.

———

Il est évident que le colonel Bugeaud n'avait pu accepter la retraite, à 31 ans, quand l'avenir s'ouvrait à peine devant lui, sans en nourrir une certaine rancune contre le gouvernement qui revenait, marchant à la suite des barbares, sur les flancs saignants et mutilés de la patrie.

Dans les solitudes du Périgord, le caporal d'Austerlitz, le seul peut-être qui eût forcé le triomphe dans l'affreux désastre de 1815, mordait ses freins, et se consolait en soufflant sur l'agriculture les tempêtes de son activité.

Ce fut lui qui organisa le premier comice agricole, grande institution dont la France fit une sorte de parade, quand elle aurait pu en faire le noyau d'une merveilleuse renaissance économique.

Mais pendant que la France amusait dans ses comices ses gros échevins et ses petits bourgeois, Bugeaud, demeuré peuple, s'en allait vivifiant la pratique dans la toute-puissance de la théorie : il gourmandait la routine du paysan, stimulait l'activité de ses voisins, qui, le raillant d'abord, finissaient par l'imiter. Il changeait, en un mot, peu à peu la face de son désolé pays, n'ayant garde, toutefois, de négliger le soin de sa gloire future, ni même les riants loisirs de la poésie et de la chanson.

Esprit infatigable, agressif et envahisseur, Bugeaud courait après toutes les conquêtes ; et les plus futiles ne furent pas celles qui excitèrent le moins ses efforts, et par suite une certaine *furia* rancunière qu'il ne put jamais absolument surmonter.

Donc le futur vainqueur des modernes Numides vivait dans la retraite, y chansonnait ses voisins, et y faisait de la politique d'opposition au gouvernement de la Restauration.

En juillet 1830, l'homme des champs dut comprendre que l'heure était pour lui venue de reparaître sur la scène politique et militaire. La révolution de juillet n'étant autre chose qu'un mouvement populaire exploité au profit du parti libéral et de ceux qui s'étaient préparés au gouvernement par quinze années de lutte ou de patiente obscurité, les vainqueurs songèrent tout naturellement au colonel Bugeaud, et le placèrent à la tête du 56e de ligne, pour le nommer général de brigade au mois d'avril 1831.

Nommé député d'Excideuil aux élections suivantes, le nouveau général vint à la Chambre, et y prit tout d'abord l'attitude d'ordre et de discipline qui convenait à son esprit et à son caractère.

2.

Semblable en cela à tous les hommes qui se sentent capables d'initiative et d'action, M. Bugeaud voulait l'ordre et la légalité quand même. Ceux-là seuls lui en faisaient et peuvent lui en faire un crime qui, ne trouvant d'assiette ni dans une main habile ni dans un esprit fécond, cherchent leur raison d'être dans le désordre et l'exaltation des mauvaises passions.

Dans la séance du 1er février 1832, M. Bugeaud s'éleva avec force contre les factieux, et dessina d'un trait un côté tout entier de sa physionomie politique.

Il n'en pouvait pas être autrement. Soldat et paysan, homme de discipline et de charrue, il était impossible que M. Bugeaud ne prît pas en ardente passion, en passion presque aveugle, l'ordre, la paix des rues et la sécurité des affaires.

Que dirait un général si une bande d'enfants terribles venait se jeter à travers ses manœuvres, débaucher ses soldats et charger les fusils avec de la sciure de bois?

Le général se mettrait dans une effroyable et légitime colère, et il s'armerait d'une lannière avant de reprendre l'épée et le compas.

Que dirait un paysan si une bande de sangliers ou de sauterelles venaient manger son blé en herbe, saper ses taillis à la racine, mordre les fleurs de ses vergers et labourer ses luzernes?

Le paysan tendrait des chausses-trappes et appellerait les vents d'orage à son secours.

L'ordre se fait voir tellement impérieux en sa nécessité à l'œil du soldat et à l'œil du paysan, que tout homme dont la main peut tenir un sabre ou manier une charrue

loit fatalement avoir le désordre en haine, et en horreur
es factions armées.

En disant *que, pour sa part, il était toujours prêt à com-
attre les factions,* M. Bugeaud ne disait pas seulement
une chose qui lui fût personnelle ; il obéissait à sa double
nature : il disait une parole symbolique que lui soufflait
l'esprit des camps et l'esprit de la moisson.

J'arrive à une phase de la vie du maréchal que les paris étalèrent bien longtemps sur le drapeau de leurs co-
ères ; l'histoire elle-même, mieux encore que l'appré-
iation, montrera dans cette sombre affaire, qui fut cau-
eleux, impitoyable et machiavélique, qui encore se mon-
ra plein de noblesse et de générosité.

Après les crimes de la Vendée, la duchesse de Berry ve-
ait d'être arrêtée à Nantes ; chacun sait par qui, chacun
ait comment.

Ancien espion du pape et du parti légitimiste, renégat
ur le retour, cherchant où que ce fut un mors à mettre à
es dents et des saletés à remuer, Deutz, sous le nom de
M. de Gonzague, venait de vendre la duchesse à l'ambition impatiente d'un ministre nouveau venu. Chacun sentait
que là dessous il se tramait quelque grande intrigue decour,
t que le malheur ayant enserré dans ses griffes une pauvre femme exaltée et maladive, les détenteurs du *quinte et
quatorze* allaient se montrer sans pitié pour l'infortune,
sans pitié comme sans pudeur.

On regarda comme un coup de partie la situation de
Marie-Caroline ; on voulut faire main basse sur le côté
le plus douloureux et le plus grave de cette grande
catastrophe : le peureux voulut s'affermir ; l'ambitieux
voulut faire du zèle ; et le général Bugeaud fut choisi

pour garder à Blaye cette fille des rois, à laquelle Chateaubriand écrivait :

« Je n'ai de roi que votre fils ! »

Le général pouvait-il refuser une mission de cette nature ?

Je dis : non ! et cette vérité sautera aux yeux de tout homme qui jugera dans la liberté de son esprit, comme dans la généreuse honnêteté de son âme.

Je n'ai point à m'enquérir de ce qu'était, de ce que pouvait être la duchesse de Berry pour le roi soupçonneux et pour le ministre pressé de se rendre utile ; mais ce que je sais, ce que je proclame, c'est que pour le général Bugeaud, elle n'était rien autre chose qu'une prisonnière d'État.

Un commandant de place est un être essentiellement passif, et rien ne saurait lui incomber d'une responsabilité politique qui remonte beaucoup plus haut. Ce point acquis, reste la responsabilité morale , reste la dignité de la conduite ; et c'est sous cet aspect que nous allons envisager le séjour à Blaye du général Bugeaud.

En bonne et droite justice, que devait le mandataire de la royauté nouvelle à la duchesse de Berry envisagée comme princesse, comme idée politique, comme mère d'un prétendant ?

Rien.

Après ses quinze années d'opposition et de retraite, que devait le colonel des Cent-Jours à ceux qui avaient brisé son épée ?

Rien, encore une fois rien.

Que devait un homme de cœur, un soldat honnête à une mère vaincue en combattant pour le sceptre brisé de son fils, à une femme malheureuse, ignoblement trahie et cruellement outragée ?

Tout ; et c'est pour cela que cet homme, ce général, ce serviteur de la légalité, devait non-seulement accepter, mais encore briguer l'honneur de garder la prisonnière, de servir à la fois la loi et le malheur, au moyen d'une fermeté respectueuse.

Tout homme qui a le droit de s'affirmer honnête comprendra cela du premier coup ; et s'il faut ici prononcer le mot de geôlier, je dis très-haut, qu'au temps des boucheries révolutionnaires, un homme de cœur n'eût pu sans indignité refuser auprès de Marie-Antoinette la place de l'infâme savetier du Temple.

Successeur du colonel La Chousserie, le général Bugeaud vint donc à Blaye, et l'on va voir de quelle façon il exerça sa délicate mission.

Il paraît que dans les hautes régions on voulait bien renvoyer la duchesse, mais qu'on voulait la renvoyer..... Je m'arrête, car s'il faut plaindre les malheurs d'il y a dix-neuf ans, il faut aussi respecter les malheurs d'il y a dix-huit mois.

La duchesse était enceinte ; ce fait est acquis à l'histoire. Les amis de l'illustre vaincue eurent l'idée d'en dresser un acte de déclaration qui, donnant satisfaction aux ministres du roi, leur permettrait de renvoyer la princesse, désormais libre, mais désarmée, d'une manière qu'il n'est pas opportun d'apprécier.

L'acte fut dressé par M. Deneux, soumis au maréchal, et approuvé par lui dans les termes dont l'ami de la prisonnière avait pris lui-même l'initiative.

« Voilà qui est bien, dit le général à M. Deneux. Je vais

soumettre ces propositions à mon gouvernement. Je ferai tout au monde pour que l'arrangement ne souffre aucun retard; et si,—par aventure,—le ministère manquait à la parole une fois donnée, je me chargerais, moi, Bugeaud, de conduire la duchesse à Palerme, de mon autorité privée, sur la corvette *la Capricieuse,* qui se tient dans les eaux du fort. »

Il paraît que le général n'était pas absolument édifié sur la moralité politique du ministère du 11 octobre.

On voit déjà quel était celui que l'histoire écrite, avec le glaive des partis, appelle *un homme animé d'un zèle subalterne!*

On voit quelle foi il faut ajouter à ces grands braillards de la démagogie, qui, — pour preuve de leur esprit et de leur patriotisme, — se donnèrent la mission d'insulter pendant vingt ans, sur tous les tons et sur tous les modes, l'ordre, la discipline, l'épée, le soc, en la personne de Thomas-Robert Bugeaud, le plus sérieux, à coup sûr, et le plus vrai démocrate de cette époque qui de la démocratie ne connaît que le mirage et le mensonge.

La duchesse de Berry refusa hautement de signer l'acte préparé par ses amis et accepté par le gouverneur. Elle écrivit à ce dernier une lettre digne et touchante qui se terminait ainsi :

« En toute occurrence, je ne puis oublier, général, que
» vous avez en toute occasion su allier le respect et les
» égards dus à l'infortune aux devoirs qui vous étaient
» imposés. J'aime à vous en témoigner ma reconnais-
» sance.

» MARIE-CAROLINE. »

Est-ce ainsi que l'on écrit à un geôlier? Et celui-là fut-il un geôlier qui ouvrit à M. de Choulot, chef d'une conspiration pour la délivrance de la duchesse, les portes de sa prison?

Dans la nuit du 9 mai, la prisonnière mit au monde une fille; et quand elle put tendre à quelqu'un sa main pâle et malade, ce fut à son prétendu geôlier qu'elle accorda cette marque de conciliation et de sympathie.

Celui-ci était ému jusqu'aux larmes. Il ne trouva rien de mieux à répondre à la noble femme que de lui lire une dépêche dont depuis longtemps elle attendait le bienfait. Cette fois, elle le remercia non plus seulement avec bonté, mais avec une effusion profonde; et désignant de sa main royale l'enfant qu'elle venait de mettre au monde, elle dit, trouvant dans l'émotion de son âme un sentiment de gratitude et de passion maternelle :

« Général, vous avez déjà deux filles; celle-ci sera la troisième. »

Le 8 juin, un bateau à vapeur vint mouiller devant la citadelle. Il devait conduire la duchesse jusqu'à la rade Richard, où l'attendait la corvette *l'Agathe*.

Le gouverneur accompagnait sa captive; et lorsque celle-ci, traversant la porte Dauphine, eut aperçu les deux filles et la femme du général, elle voulut embrasser les deux enfants à qui elle venait de donner une sœur; puis elle prit la main de madame Bugeaud, la serra affectueusement et lui dit :

« Dans peu, madame, vous reverrez votre mari bien portant. »

Le 9 juin, *l'Agathe* quitta la France, et peu de jours plus tard, le général revint, après avoir déposé la princesse

à Palerme, déchargé d'une terrible mission, mais le cœur
·deux fois content de l'avoir remplie avec autant de noblesse que de fermeté.

Après cela, qui pourrait ne pas comprendre la légitime
colère du général, quand, au sujet d'une interruption faite
en honneur de l'obéissance militaire, il s'entendit interpel-
ler de la sorte en pleine Chambre des députés :

« Faut-il obéir jusqu'à se faire geôlier ? »

La cruauté d'un pareil reproche en doublait l'inconve-
nance et l'injustice.

Une rencontre eut lieu entre le général et M. Dulong. Ce
dernier tomba frappé d'une balle qui lui perça le crâne,
malheureuse victime d'un de ces mots-poignards qui tombent de la lèvre des hommes, presque toujours avant qu'ils
aient eu le loisir d'en reconnaître la lame à la fois empoi-
sonnée et sanglante.

Dès ce moment, le général Bugeaud devint le bouc
émissaire des anarchistes et des émeutiers.

La traînée révolutionnaire fumait à Lyon et à Paris.
Des hommes sans idées, sans foi sociale, sans capacité,
sans caractère, et qui ne pouvaient rien attendre que
des hasards d'une révolution, arrachaient le peuple
à son ouvrage, pour le jeter, sombre et furieux, sur le
pavé des barricades. Ces gens-là demandaient la république, et il n'y en avait pas deux qui s'entendissent
sur la manière d'appliquer cette forme gouvernementale ;
à plus forte raison, ne comprenaient-ils rien, en leur
puérile ignorance, au fait pratique et sérieux d'un
gouvernement démocratique. Ces fiers docteurs n'osaient
pas même aborder le débat scientifique et social ; rien pour
eux n'existait que la place de M. Thiers, bonne à pren-

dre pour M. Marrast, et la royauté constitutionnelle à changer en présidence ou en dictature. La belle avance ! Non-seulement la revendication des républicains de 1832 et 34 était illégale, puisque l'immense majorité du pays semblait sanctionner par son inertie l'illégalité de l'établissement constitutionnel, mais encore cette revendication était puérile et saugrenue, puisqu'à tout prendre, les républicains n'étaient que les doublures des libéraux, qui eux-mêmes étaient les doublures des doctrinaires. En ce débat, le vrai pays, le pays démocratique, le pays de l'avenir, n'avait rien à voir ; et l'émeute, en ces jours de confusion, n'était autre chose qu'une menace à la civilisation, et la destruction lente du principe de la légalité. Qu'on ne vienne même pas dire qu'on se battait pour la réforme électorale ! On se battait pour l'exercice d'une tyrannie nouvelle ; on se battait pour arracher le pouvoir à deux cent mille ignorants, et le donner à cent cinquante exhumés du cimetière de 93. Donc il fallait frapper l'émeute, et attendre que le vrai pays enveloppât une majorité aveugle dans sa majorité imposante et souveraine.

A Lyon, comme à Paris, le général Bugeaud se battit donc contre l'émeute.

Le 13 avril 1834, il commandait les troupes de Paris, concurremment avec les généraux Tourton, Rumigny et de Lascours.

Un massacre abominable eut lieu, le 14, dans la maison n° 12 de la rue Transnonain : des femmes, des enfants, des vieillards, furent impitoyablement égorgés et massacrés, comme cela ne s'est jamais vu dans une ville prise d'assaut par des sauvages et des barbares.

3

Qui donna l'ordre?... Car je n'admets guère que des soldats français aient pris eux-mêmes l'initiative de cette boucherie. Qui organisa cette septembrisade, et jeta cette barrière de terreur entre l'émeute et la monarchie? Je n'ai point à le rechercher en ce moment; j'ai seulement à dire que le général Bugeaud en fut, à mes yeux, plus innocent que personne au monde.

Ni le général, ni aucune fraction des troupes qu'il commandait, n'était, le 14 avril, dans la rue Transnonain; et je ne saurais mieux le prouver qu'en rappelant ici la lettre si claire et si nette que le vainqueur d'Isly écrivait dans ces derniers temps à je ne sais plus quel ministre :

« La Durantie, le 10 avril 1848.

» Citoyen Ministre,

» Vous êtes mon recours naturel contre une calomnie qui m'afflige et alarme ma famille; car on l'a produite en articles de journaux, en motions de clubs, en lettres anonymes pleines de menaces; il est évident qu'on veut me vouer à la haine du peuple de Paris, en m'accusant d'avoir ordonné le massacre de la rue Transnonain, en avril 1834.

» Cette odieuse imputation date de loin; je l'ai déjà repoussée dans je ne sais quel journal : le *Courrier français* peut-être; et d'ailleurs, je croyais l'avoir effacée, dans l'esprit de mes ennemis abusés, par mes succès en Afrique.

» Puisqu'elle se reproduit avec plus d'acharnement, après un espace de plus de quatorze ans, il faut la combattre de manière à ce qu'elle ne puisse plus reparaître.

» Je viens donc, citoyen ministre, vous demander une enquête qui sera facile. Elle démontrera que je n'ai point opéré dans la rue Transnonain, ni aucune fraction des troupes que je commandais.

» J'avais sous mes ordres le 32e de ligne, colonel Duvivier, aujourd'hui général de division, et la 9e légion de la garde nationale, colonel Boutaret. On trouvera dans ces deux corps assez de témoins des faits de cette journée : ils diront qu'aucun de nos soldats n'était dans la rue Transnonain ; et que, loin de me montrer *féroce*, j'ai sauvé de mauvais traitements, et même peut-être de la mort, une foule de prisonniers.

» Sans doute, j'ai défendu les lois du pays violemment attaquées ; mais ordonner de tuer des vieillards, des femmes, des enfants !... la pensée seule m'en fait horreur.

» L'homme qui a éprouvé souvent l'enthousiasme pur de la victoire sur les ennemis de la France, ne peut descendre à donner des ordres barbares.

» Après une longue carrière toute de dévoûment au pays, après avoir soumis les Arabes de toute l'Algérie, j'étais loin de penser que je serais attaqué avec tant de violence et d'injustice par des hommes qui font profession de patriotisme.

» Vous comprendrez, citoyen ministre, toute l'importance que j'attache à l'enquête ; la République elle-même n'a-t-elle pas quelque intérêt à ne pas laisser une indigne calomnie peser sur un homme qui peut la servir ?

» Maréchal Bugeaud. »

Voici donc un nouveau point clairement établi pour l'honneur du maréchal. Et si j'ai pu parvenir à le montrer ce qu'il fut en effet, tant sous les verrous de la forteresse de Blaye, que face à face avec les législateurs de barri-

cade, combien ma tâche ne va-t-elle pas devenir plus facile, maintenant que le vainqueur de la Haute-Isère va
détacher son épée de conquérant, et la tirer contre les
ennemis de la France !

Ce n'est plus le Piémont, ce n'est plus l'Espagne, ce
n'est plus la Frontière envahie ni la rue déshonorée, où le
Marius démocrate va chercher de nouveaux triomphes. Il
arrive en Afrique, sur cette terre de feu, de sable et de
rochers, où Sylla prit Bocchus et le Numide Jugurtha.

Voilà que Thomas-Robert Bugeaud devient le maître
de son destin ; voilà qu'il va donner un merveilleux essor
à ses passions de planteur et à ses passions de guerrier.

A Bugeaud soldat, comme à Bugeaud paysan, il ne
manquait plus que l'Afrique pour qu'il symbolisât trois
fois la vraie force et le grand avenir de son pays. Suivons-
le donc en Afrique, et voyons un peu ce qu'il y fit pour la
gloire de la démocratie organique.

III.

Tlemcen, la Sikkak et la Tafna.

Je dois rappeler, en commençant ce premier récit de
nos succès en Algérie, que le général Bugeaud n'était pas
partisan de l'occupation de ce magnifique territoire.

Car le général avait à la fois son caractère et son idée.

Le premier coup d'œil que cet énergique soldat jetait
sur la plupart des affaires était un coup d'œil de défiance.
Il commençait par nier et médire ; puis, peu à peu, il
s'habituait aux choses ; son regard prenait de l'étendue ;
et du moment qu'il dominait les idées, il les adoptait avec
la passion de les rendre fécondes en se les appropriant.

Selon cet esprit gaulois et paysan qui fait toujours
passer la critique avant l'enthousiasme, le doute avant la
foi, la raillerie avant l'action, M. Bugeaud commençait

souvent par être incrédule. Mais du moment qu'il s'était dit à lui-même : « Je sais ! — je crois ! » c'était à la fois un apôtre et un guerrier plein de véhémence.

En Périgord, M. Bugeaud s'était montré l'apôtre passionné de la rénovation agricole. En Algérie, après le doute d'un moment, il devait devenir le Mahomet d'une civilisation nouvelle.

Dès l'abord, il répugnait à ce zélateur de l'agriculture progressive, d'aller semer et faucher en Algérie, pendant que la France elle-même demeurait barbare et stérile. Mais, plus intimement mêlé aux roueries de la politique, il dut comprendre le formidable veto que le monde officiel prétendait imposer à la France inactive à la fois et violente. Il dut en gémir en son âme honnête, et se résoudre d'aller entreprendre en Afrique le grand labeur que la gent politique et financière déniait formellement aux souffrances de la patrie.

Toujours est-il qu'il regardait primitivement l'occupation d'Alger comme une charge léguée à la France par la Restauration. Grave erreur, sans doute, mais un peu pardonnable, ce me semble, à celui-là qui devait si puissamment contribuer à la faire disparaître.

En 1836, le maréchal Clausel étant gouverneur de l'Algérie, on pouvait craindre qu'ils n'eussent raison ceux-là qui voulaient abandonner la grande conquête, rendre aux barbares et aux corsaires tout un côté du lac français.

La guerre était partout. La Mitidja et quelques tribus des Beni-Moussa reconnaissaient seules une domination encore illusoire, et chèrement achetée par des combats de chaque jour.

Sidi-Embarek tenait campagne dans le sud-ouest. Les

Kabyles, ces intrépides Mohicans de l'Algérie, allumaient de toutes parts le fanal guerrier sur le flanc tortueux de leurs montagnes. Les Hadjoutes étaient en armes sur la Chiffa. Les Issers venaient abreuver leurs chevaux dans le ruisseau où buvaient nos soldats. L'enthousiasme religieux et guerrier se répandait dans les tribus, soufflant le feu de la vengeance à travers les forêts, les sables et les montagnes.

La guerre sainte était proclamée dans la province d'Oran. Le général Perregaux contenait à peine les tribus enthousiastes du Chéliff. Le capitaine Cavaignac, avec un bataillon de six cents hommes, était bloqué dans Tlemcen. Le camp de la Taffna, composé de trois mille hommes sous les ordres du général d'Orlanges, était bloqué de son côté. La situation de la France en Algérie était presque désespérée. Pour qui connaît le caractère arabe, sa soumission aveugle et fataliste dans les revers, mais aussi sa rage entraînante du moment qu'il croit combattre avec Dieu et le succès, il y avait lieu d'aviser... et d'aviser sans retard.

Le 6 juin 1836, l'homme d'Austerlitz et de Tarragone, le soldat prédestiné qui marchait toujours en avant, prit terre africaine à l'embouchure de la Taffna, avec trois nouveaux régiments venus de France, le 53e, le 24e et le 62e de ligne.

Le dey Ibrahim, notre allié, avait été obligé de chercher à Mostaganem un abri contre les attaques des Arabes. Une agression rapide et impétueuse était aussi nécessaire à la gloire de nos armes qu'à notre influence morale. L'Arabe est ainsi fait : tenez-vous en repos, il se réveille, il se rapproche, il s'échauffe, il vous enveloppe, il prend confiance, il part comme la foudre, il renverse des armées.

Étonnez-le par de grands faits, des attaques soudaines, des marches hardies, de l'audace et de l'agression, ce peuple enfant, ce peuple artiste, s'échappe devant les intrépides ou se courbe pour les admirer.

Attaquer sans cesse et poursuivre sans relâche, tel était le système du général. Mieux que personne, il pouvait pousser les Arabes jusqu'aux pics neigeux de l'Atlas et jusque dans les sables du Sahara. Mieux que personne, en même temps, il pouvait les dominer moralement par la forte et impérieuse bonhomie de son caractère.

Ce fut le 10 juin, jour anniversaire de son premier combat, jour heureux de ses triomphes, jour fatal qui fut aussi celui de sa mort, jour qui vit tomber le vainqueur africain sous l'influence vengeresse du simoun asiatique... ce fut, dis-je, le 10 juin, à minuit, qu'avec six mille hommes il se dirigea sur Oran.

A six heures du matin, il avait battu une première fois Abd-el-Kader dans un combat d'arrière-garde. A dix heures, il se trouvait sur le bord d'un ruisseau, face à face avec l'ennemi qui l'attendait sur l'autre rive. Le ruisseau fut franchi, l'ennemi culbuté ; les cavaliers arabes s'élancèrent à toute bride du côté de leurs gorges et de leurs buissons. Trempés d'eau et de sueur, les bataillons de France avançaient en battant la charge, et la voix sonore des rochers répondait aux bruits de la guerre.

Le 19, le général repartit d'Oran ; et le 24, après quelques fusillades fréquemment échangées, il campait avec cinq mille hommes à un kilomètre de Tlemcen.

Il venait d'accomplir une marche prodigieuse de hardiesse et de persistance, dans un pays où l'ennemi l'enveloppait de toutes parts.

Ayant à peine pris le temps de former son camp, l'infatigable général revient à la Taffna, fait préparer un convoi de vivres et de munitions, et se remet en route pour ravitailler Tlemcen.

Cependant, surpris à la fois et irrité de cette audace, Abd-el-Kader le suivait pas à pas, le couvant de l'œil, et le désignant déjà sans doute à la colère, au fanatisme de ses cavaliers.

Ce combat devait être la première partie sérieuse engagée entre le Français et le Numide. L'autorité morale était en jeu; le général semblait l'avoir enfin ramenée de France ; pour l'émir il s'agissait de la reprendre.

Le 6 juillet, la petite armée venait de quitter son second bivouac et descendait par trois colonnes la vallée de l'Oued-Salsaf.

Les rochers gigantesques et nus se dressaient jusque dans les nuages. Ces grandes murailles zébrées de sable jaune et de granit ferrugineux laissaient voir çà et là quelques sentiers escarpés, quelques plates-formes étroites, sorte de guérites naturelles où l'on voyait de temps en temps apparaître un burnous blanc et le canon d'une carabine.

Çà et là quelque buisson hérissé, quelque aloès crispé comme la griffe d'une bête fauve, et de grands feux, signaux de combat, qui s'allumaient dans la montagne.

Sur le dernier plan des rochers et hors la portée du fusil, on distinguait les sentinelles arabes immobiles et silencieuses.

Le moment était mal choisi pour les timides et les irré-

solus, car tout semblait se réunir pour pénétrer l'âme....
la nuit prochaine, la certitude du combat et la sombre
majesté de la nature.

Il est supposable qu'à ce moment Thomas-Robert Bugeaud se dressait sur ses étriers, et que son petit œil gris
lançait des flammes éclatantes.

Mustapha-Ben-Ismaël, notre allié, sentait le combat;
le général ne s'y trompait pas non plus : il ne s'agissait
plus que de l'affronter.

Tout fut préparé dans cette prévision.

La Sikckah roulait doucement ses eaux limpides au
milieu de la vallée qui se resserrait peu à peu, en se con-
tournant et se tordant au pied des montagnes.

Au détour d'une gorge, la petite armée se trouve tout
à coup face à face avec l'infanterie d'Abd-el-Kader, pendant qu'une bande nouvelle sort en hurlant des rochers et
se précipite sur notre arrière-garde.

Le général Bugeaud s'arrête; il fait immédiatement re-
plier quatre bataillons sur l'arrière-garde commandée par
Mustapha ; puis il s'élance à la tête du reste de la colonne
et tombe le sabre à la main sur l'infanterie arabe.

Il y eut chez les soldats de l'émir un grand carnage et
une effroyable déroute. Poussés à la baïonnette, d'un côté
sur le flanc des rochers, d'un autre côté dans les eaux de
l'Isser et de l'Oued-Salsaf, qui forment à ce point leur
jonction, les Arabes se débandent, tombent, meurent, se
sauvent et s'entassent dans la rivière. Les feux de peloton
se croisent, éclatent, redoublent ; le tambour bat, les bataillons se resserrent et marchent sur les cadavres..... Bugeaud les regarde faire et commande la victoire avec la
pointe de son épée.

Dans ce combat, quinze mille Arabes furent dispersés par cinq mille fantassins de France. L'ennemi perdit trois cents hommes, demeurés morts sur les rochers ou dans les herbes de la rivière. On fit deux cents prisonniers, et les fuyards s'en allèrent dans les gorges profondes semer la terreur et accuser le destin.

Peu d'heures plus tard, le général ravitaillait Tlemcen et se reposait de sa victoire.

Abd-el-Kader épouvanté se replia sur Mascara. L'influence morale de ce combat fut énorme ; le général Bugeaud avait fait son œuvre, il avait remis dans l'esprit des Arabes le respect et la terreur. Peu partisan de la conquête, il rentra en France pour y être nommé lieutenant-général et reprendre part aux travaux législatifs.

En 1837, le vainqueur de la Sikkah revint en Algérie en qualité de commandant supérieur de la province d'Oran.

Pendant son absence, Abd-el-Kader avait eu le temps de reprendre haleine et d'effacer sa défaite. Ce soldat inspiré devenait un danger perpétuel pour toute espèce de colonisation. N'ayant peut-être ni l'espoir ni l'intention de le réduire tout à fait, le gouvernement français voulut traiter avec lui, préférant la paix et la sûreté dans une occupation limitée, aux hasards d'une guerre d'extermination pour une conquête définitive.

C'était l'opininon du général Bugeaud, qui fut chargé de négocier la paix avec Abd-el-Kader, et d'éprouver la parole de ce soldat parvenu, après avoir éprouvé son courage.

Le traité de paix fut signé au camp de Taffna, le 30 mai 1837. Les ennemis du général l'accusèrent d'avoir par là fait d'Abd-el-Kader une puissance, comme si l'on pouvait traiter avec un chef de guerre sans, par le fait même du traité, lui reconnaître une grande valeur et d'incontestables droits. En semblable occurence, il ne faut rien faire à demi : ou tuer le guerrier que l'on redoute, ou l'élever très-haut. Et attendu qu'il est absurde de supposer qu'un général français traite avec un chef de bandes ; du moment que le traité est résolu, la qualité d'une des parties affirme la qualité de l'autre ; et par la seule force des choses, le bandit devient un émir.

Le lieutenant-général reçut des mains de son envoyé le double du traité, revêtu du cachet de l'émir ; mais il voulait au moins une fois, avant de quitter l'Afrique, voir de près le soldat heureux dont il venait de faire une puissance.

Il fit donc demander à l'émir une entrevue pour le lendemain 1er juin, à trois lieues du camp français, et à six de celui des Arabes. Abd-el-Kader y consentit.

Le général se rendit au lieu du rendez-vous avec six bataillons, son artillerie et sa cavalerie ; mais le chef musulman se faisant un peu attendre, le général, dont la patience n'était pas la première vertu, voulut marcher du côté de *la montagne*, puisque *la montagne* ne se hâtait pas de venir à lui.

Il était tard. Toujours intrépide et possédé du démon de l'audace, le général se mit en marche vers l'armée de l'émir, accompagné seulement par son état-major.

Après avoir cheminé à travers les détours inconnus d'une gorge étroite entrecoupée de collines, et où l'on ne voyait pas très-loin devant soi, le général arriva vers six heures du soir en face de l'armée arabe, immobile au fond de la vallée sur des mamelons épars.

La petite escorte marcha quelques minutes encore, et bientôt ils aperçurent l'émir bien accompagné qui se dirigeait du côté des officiers français.

Le groupe arabe se composait environ de deux cents chefs richement armés, véritables cavaliers de parade, qui venaient piaffant et soulevant la poussière. L'émir les devançait de quelques pas, monté sur un cheval noir harnaché avec tout le luxe d'un satrape d'Orient. Le général se sépara immédiatement de sa petite escorte, lança son cheval au galop, et arriva, seul et hardi, devant le vaincu de la Sikkah.

Abd-el-Kader mit pied à terre. Les deux chefs s'assirent l'un près de l'autre; et comme, le général s'étant levé, l'émir ne se levait pas en même temps, le représentant de la France, seul au milieu de deux cents Arabes qui eux-mêmes précédaient une armée, prit par la main le musulman, et, l'aidant à se relever, lui fit dire par son interprète :

« Quand un général français se lève devant toi, tu
» dois te lever aussi. »

Cette entrevue fut solennelle. A l'instant où elle se termina, il y avait du côté de l'émir dix mille chevaux adossés au flanc des montagnes, et une garde de deux cents cavaliers d'élite, le fusil chargé et le sabre nu.

Du côté opposé, il y avait un général français que les quinze ou vingt hommes de son état-major attendaient à cent pas de là.

Les historiens de l'Algérie affirment qu'au moment où finit l'entrevue, un long et violent coup de tonnerre éclata dans les nuages amoncelés.

Le général Bugeaud quitta l'Algérie avec l'espoir d'avoir pacifié cette belle contrée ; mais il avait compté sans la perfidie arabe et sans l'impatiente ambition du partisan, qui devait payer sa félonie de son honneur et de sa liberté.

Le traité de la Taffna fut déchiré par les cimeterres arabes qui laboureèrent à Mazagran le cadavre de nos soldats.

C'est alors que le général Bugeaud put entrevoir sous tous ses aspects la grande occupation de l'Algérie, et y consacrer toute son ardeur militaire et toute son ardeur colonisante.

Après l'embûche et l'héroïsme de Mazagran, la France ne pouvait plus reculer. La déloyauté de l'émir venait de commencer la guerre d'extermination que dut entreprendre le général Bugeaud.

C'est alors, en un mot, que ce grand capitaine put dire aussi son *alea jacta est !* et que, ne pouvant plus songer à coloniser la France, il prit la résolution de coloniser l'Algérie, bien sûr qu'il était de la vaincre.

IV.

Conquête et Colonisation.

———

C'est vraiment une grave et consolante étude de caractère, que de suivre ainsi pas à pas cet homme abrupte, défiant, qui se laisse entraîner à la lumière, à l'évidence, à la certitude !

J'ouvre au hasard une brochure du général Bugeaud qui date de 1838, et j'y découvre ce passage :

« Il ne faut pas se le dissimuler, il n'y a rien de si dif- » ficile que de coloniser l'Algérie. Le climat, la nature du » sol, la rareté des eaux, l'absence totale de bois de con- » struction, le caractère guerrier et pillard des indigènes, » sont des obstacles immenses. »

Puis le soldat semble se rassurer ; il colonise déjà dans

sa pensée ce pays qu'il déclare inapte à la colonisation, et il écrit dix pages plus loin :

« Puisque la France est condamnée à conserver l'A-
» frique, à la coloniser, il faut bien essayer de quelque
» moyen. »

Mais le lieutenant-général Bugeaud ne devait pas ainsi bouder longtemps contre sa propre gloire. Le 29 décembre 1840, il accepta le gouvernement de l'Algérie, et il en prit possession le 22 février 1841, bien décidé cette fois à combattre et à coloniser, avec tout l'emportement d'une certitude et d'une volonté persévérante. L'opinion publique avait parlé si haut ; cela semblait à la France tellement inouï que l'on songeât à se déposséder de l'Algérie ; le sentiment de la conquête dominait alors à ce point les esprits, que le général, qui ne savait rien faire à demi, dut s'apprêter à loyalement servir cette France qui se proclamait si forte et qui devinait peut-être son mystérieux avenir.

Mais, une fois converti à la conquête, il devenait nécessaire que le défiant de la veille tombât comme la foudre sur cette Afrique où le sang de Mazagran criait vengeance.

M. Bugeaud l'avait dit maintes fois à la tribune : il n'était possible de vaincre les Arabes qu'en se faisant Arabe comme eux. Il ne s'agissait plus de se faire bloquer dans les villes par des cercles de cavaliers enthousiastes et fanatiques ; il ne s'agissait plus de s'acculer au flanc des rochers, au rivage escarpé des rivières, et d'y soutenir vaillamment ces charges étonnantes de Parthes et de centaures.

Il devenait urgent de se familiariser avec la solennelle âpreté de la nature ; de traverser au pas de course, sous un soleil tropical, les broussailles et les aloès, les sables et les montagnes. Il fallait que les soldats de France, Poitevins ou Champenois, gens de Paris ou de la Saintonge, se fissent des faces de bronze, des pieds de gazelle, des allures de chat sauvage et des estomacs de chameau. Il fallait que nos fantassins s'élançassent à travers vallons et collines sur la trace des barbes de Tunis et des cavales de l'Arabie.

Cette imposante et rapide transformation se fit en peu de temps sous l'impulsion du général Bugeaud.

L'infatigable capitaine s'en allait dispersant les moissons, brûlant les villages, enlevant les troupeaux, disputant aux Arabes la gorge la plus escarpée, le défilé penché sur les abîmes, et la forteresse de granit qui dominait les torrents.

Il est temps de le dire, et la France ne le comprendra peut-être jamais assez : jamais le fantassin armé, pas même celui de Marius et de César, n'accomplit les prodiges d'audace, d'abnégation et de génie guerrier, dont les soldats de Bugeaud donnèrent l'incroyable exemple.

Depuis vingt ans le soldat français se montre à la fois plus patient que le Russe, plus entêté que le Romain des anciens âges, plus enthousiaste que le Gaulois d'Ambigat, plus farouche que le Hun d'Attila, plus adroit que le singe, plus souple que le léopard.

Vienne à présent le grand choc des civilisations, et l'on verra s'ils savent encore marcher en avant, ces soldats de France qui, du temps de Napoléon, dénichaient les rois dans leurs capitales ; qui, du temps de Bugeaud, dénichaient les Kabyles dans leurs forteresses et les aigles dans leurs rochers.

4.

Déjà, Constantine, Blidah, Medeah, Milianha, Orléans-ville, Bône, Philippeville, avaient pris rang parmi les cités conquises. Les terres fertiles que remuait à peine le soc de bois de l'Arabe nomade, déchirées par la charrue française, se chargeaient de moissons fécondes.

Bugeaud frappait d'une main ; mais il semait et organisait de l'autre, justifiant ainsi son admirable devise, qui, avant peu, sera celle de toute la France, *Ense et aratro !*

Il faisait plus ; il imagina le premier le gouvernement des Arabes par les Arabes eux-mêmes, créant au nom du roi des Français des kalifas, des agas, des caïds, les comblant d'honneurs, et les envoyant à Paris prendre le vent de la civilisation.

Son renom finit par exercer sur le génie arabe une influence souveraine.

Les tribus répétaient son nom dans leurs entretiens, le connaissaient, le comprenaient ; et il fut dans la destinée de ce grand capitaine d'être mieux apprécié par ceux-là dont il brûlait les moissons que par *ces autres* qu'il décorait de ses hauts faits et dont il doublait le territoire.

Car l'injure et le ressentiment semblaient s'acharner après lui comme après tous les acteurs sérieux du drame des civilisations.

Et pendant que les niveleurs de Paris traitaient le général de fou, de maniaque, d'imbécile et de geôlier, les Arabes lui donnaient le surnom glorieux de Bou-Sada, *le Père du bonheur.*

De temps en temps, le vaillant homme courait à Paris, montait à la tribune, y développait ses plans, lâchait en passant quelque boutade aux gens de son parti et aux hommes du ministère; puis il revenait faire une razia dans les montagnes, châtier les tribus rebelles, et vaquer aux soins de la colonisation.

Les princes français venaient se battre à ses côtés, et apprendre en Algérie le rude métier de la guerre.

Le jeune duc d'Aumale, notamment, avait à cœur de partager tous les périls et toutes les privations du soldat.

Pendant ce temps, que devenait Abd-el-Kader ? Traqué de toutes parts, aux approches de l'hiver de 1842, il s'était jeté dans les montagnes de l'Ouarensenis, pour y recruter des troupes régulières. Cette région presque inaccessible fut bientôt envahie par le gouverneur, du côté de la route de Milianah, avec trois colonnes commandées par le duc d'Aumale et les généraux Gentil et Lamoricière. Le foyer de l'insurrection fut étouffé en peu de temps, et la paix régna de nouveau parmi les populations de la montagne et de la rive gauche du Chéliff.

Mais dès les premiers jours de janvier 1843, l'émir reparaissait parmi les tribus insoumises, et parvenait à y recruter 3,000 Kebaïles.

Le gouverneur, en personne, se jeta au cœur des bandes insurgées et commença par brûler la bourgade d'Haïnda. Puis il entreprit de cerner Abd-el-Kader, dont on venait de lui annoncer la présence dans les montagnes des Beni-Menassès, aux environs de Cherchell. Cette fois, le ciel et la nature semblaient combattre avec les Arabes. Des tourbillons de neige, de grêle et des torrents de pluie se succédèrent presque sans interruption du 5 au 7 février. L'armée française était littéralement enveloppée d'eau, de neige et de boue. Les soldats se traînaient exténués de froid et de fatigue. Mais le *Père du bonheur* était là, mouillé jusqu'aux os comme tout le monde, haras é

comme eux, mais intrépide et souriant. Il leur parlait,
les animait de la voix et du geste. Pas un grêlon ne sifflait
à leurs oreilles que deux grêlons ne vinssent frapper le visage ou la casquette du général.

Abd-el-Kader et son khalifa Berkani furent chassés de
toutes leurs positions.

Dans le combat, le gouverneur courut le plus grand
péril. Tombé dans une embuscade, il reçut à bout portant
cinq ou six coups de feu qui n'eurent garde de l'atteindre.
Son cheval fut tué sous lui; mais il reparut bien vite à la
tête de son armée, qui déjà se séchait en chantant victoire.

C'est ainsi que le gouverneur général s'acheminait vers
ses premiers combats en Kabylie, et fortifiait, en Afrique,
cette domination française qui devait recevoir sa dernière
consécration par les éclatantes victoires de Tanger, d'Isly
et de Mogador.

V.

La Kabylie, Dellys, l'Oued-Kseub.

———

Par ordonnance royale en date du 9 avril 1843, le lieutenant-général Bugeaud avait été élevé au grade de grand'croix de la Légion-d'Honneur.

Par ordonnance royale en date du 11 juillet de la même année, le gouverneur de l'Algérie fut nommé maréchal de France; et un aide-de-camp du roi débarquait à Alger, le 12 août, pour remettre au vainqueur les insignes de sa nouvelle dignité.

C'était de grands honneurs sans doute; mais la France, décidée à s'assimiler l'Algérie, attendait encore de bien glorieux services du conquérant organisateur!

A la fin de l'hiver de 1844, le maréchal venait de publier une adresse aux Kebaïles du sud-est, où il leur disait:

« Soumettez-vous à la France et il ne vous sera fait aucun mal. Dans le cas contraire, j'entrerai dans vos montagnes, je brûlerai vos villages et je couperai vos arbres fruitiers. »

L'opinion publique, le gouvernement lui-même, tout le monde redoutait une expédition dans les montagnes du Jurjura. Personne encore n'y avait pénétré. C'était là le foyer de la civilisation arabe et de leur patriotisme nomade. Ils s'y retiraient comme dans un dernier rempart; et, de ces crêtes inaccessibles, leurs blancs villages suspendus au penchant des ravins, semblaient défier la balle du soldat et l'esprit dominateur du grand capitaine.

Mais celui-ci, confiant à sa gloire, était certain de réussir, parce qu'il pensait et sentait avec le cœur de ses soldats, et qu'il savait bien avoir fait passer dans leur âme tous ses penchants audacieux.

Le 27 avril, un corps de 7,000 hommes de toutes armes fut réuni à 12 kilomètres d'Alger, en avant de la Maison-Carrée. Le même jour il vint camper à trois lieues de là, sur les vertes et ravissantes prairies qui s'étendent le long des bords de l'Oued-Hamis.

Le lendemain au point du jour, un pont volant permit à la petite armée de traverser la rivière. La plaine était un immense cloaque effondré que six semaines de pluies torrentielles avait rendu pour ainsi dire impraticable. L'infanterie marchait dans la vase jusqu'aux genoux, et parfois dans l'eau jusqu'au ventre. Bientôt on franchit l'Oued-Boudouaou qui court dans une vallée fertile et profonde. La halte se fit dans une vaste clairière enveloppée de collines; on devait y attendre 200 chevaux français, plusieurs détachements d'indigènes auxiliaires, et,

d'autre part, 600 cavaliers des Beni-Djaad, des Beni-Soly-
man et des Aribs du Hamza, sous la bannière de Si-Madi-
Eddin, notre kalifa de Sebaou.

Le 29, l'armée entrait dans les montagnes, sachant
déjà que les Kebaïles fanatiques avaient juré de périr jusqu'au dernier, plutôt que d'abandonner leurs chères demeures à la domination étrangère.

Plus de plaines, plus de marais ; mais d'immenses
quartiers de granit, entassés les uns sur les autres comme
pour défier l'escalade ; çà et là des crêtes verdoyantes,
des sentiers pénibles, des cours d'eau changés en torrents;
le sinistre hurlement des chiens et l'horizon chargé d'é-
pais nuages.... telle apparaissait la nature en son altière
tranquillité. Le caroubier, le lentisque, l'aloès et l'olivier
sauvage s'entrelaçaient en inextricables halliers. Les chevaux glissaient, s'abattaient à chaque pas, tandis que les
fantassins, précédés par les sapeurs de l'avant-garde, se
courbaient et gravissaient les pentes, se suivant l'un l'autre à la file, enveloppant la montagne des plis et des re-
plis d'une ceinture vivante.

Au sortir de ce défilé, l'armée descendit dans la vallée
de l'Isser.

Des tentatives furent faites auprès des Flissas pour
leur épargner la destruction de leurs villages. Tout fut
inutile : les Flissas défiaient et menaçaient. Depuis
quatorze ans ils échappaient à la domination ; depuis
quatorze ans ils avaient vu tomber Alger, Tlemcen,
Oran, Médéah, Constantine... et cependant, ils se ju-
geaient indomptables ; et du haut de leurs cimes escar-
pées, ils affirmaient encore la patrie et la liberté.

Le 2 mai, à cinq heures du matin, l'armée passa l'Isser et s'établit à Bordj-Menaïel.

Le 3, les réguliers d'Abd-el-Kader se montrèrent au fond d'un ravin et se retirèrent après avoir brûlé quelques amorces.

Le 4, les Kebaïles commencèrent à brûler leurs villages, comme s'ils avaient voulu prévenir la destruction, et s'enthousiasmer par le désespoir.

Un rassemblement considérable, commandé par le khalifa Ben-Salem en personne, occupait les hauteurs de Timezérit. Un autre, sous les ordres de Ben-Kassem-ou-Kassi, campait chez les Amenaouas, à Bordj-Tiziouzou. Un dernier se pressait autour du drapeau d'El'Djoudi, sur les pentes qui couronnent la vallée de l'Oued-Kseub. On évaluait leur nombre à 20,000 soldats ; l'armée française en comptait 8,000 à peine.

Le 7 mai, au point du jour, l'armée se trouvait sur le mamelon du Souk-el-Etnin, au-dessus de l'Oued-Neça. Mais d'épouvantables tourmentes avaient fait de cette rivière un torrent limoneux et déchaîné ; la pluie battait le flanc des rochers ; des trombes d'eau passaient furieuses, obscurcissant la lumière du jour ; et le vent gémissait dans les montagnes, comme s'il eût chanté par avance le carnage et l'incendie.

Les Arabes, plus familiers à ces grands désordres de la nature, se rapprochaient de toutes parts et guettaient le moment favorable.

A ce moment, le maréchal Bugeaud fit entonner *la Marseillaise*, et ordonna le passage de l'Oued-Neça, qui gémissait, inondant ses rives.

Aux sifflements de la tempête, l'armée française répon-

dait par un chant de victoire. Les Arabes s'approchaient
en rampant, pour lire l'effroi sur le front de nos soldats,
pour entendre dans leur bouche une plainte…Ils n'enten-
daient rien que les strophes ardentes d'une chanson révolutionnaire, et ne lisaient autre chose qu'un sourire d'intrépidité.

L'Oued-Neca grossissait de moment en moment, à ce
point que la cavalerie de Mahi-Eddin, qui formait notre
arrière-garde, fut forcée de demeurer sur la rive gauche
avec une centaine de trainards.

Mais l'armée entière encombrait le lit du torrent. La
vague s'irritait, courait et mourait sur les rives… Le fusil
haut, la face joyeuse, le corps penché, nos soldats déjà
sortaient de l'eau troublée ; et leur foule ardente se ralliait
au pied de la montagne, n'ayant perdu que trois hommes
dans cette marche rapide à travers les flots jaunis de la
rivière.

Les Arabes étonnés s'étaient retirés de toutes parts.
L'armée put arriver à Dellys sans coup férir ; elle s'y re-
posa un moment.

Le 12 mai fut un jour meilleur. Le maréchal, se trouvant en face d'une bataille assurée, lança sur les hauteurs l'infanterie et l'artillerie, qui s'y établirent en faisant
reculer 400 cavaliers arabes. Bientôt l'intrépide conquérant plongea dans la vallée de Taourga, et put découvrir
enfin le foyer de la puissance kebaïle, le centre de la guerre,
une douzaine de gros villages défendus par cinq ou six
mille hommes entassés en masses confuses, qui pous-
saient des cris sauvages et brandissaient leurs carabines.

Le 48e de ligne, les tirailleurs indigènes et les voltigeurs du 26e se précipitèrent à l'assaut des rochers. En

moins d'une heure de combat, les malheureux Arabes, assaillis de droite et de gauche, culbutés dans un ravin par le feu des obusiers , durent lâcher pied et s'enfuir dans toutes les directions.

C'est à ce point le plus central des villages kabyles que se passa l'une des plus terribles scènes de dévastation dont notre histoire d'Afrique ait gardé le souvenir.

Tout fut brûlé, pillé, saccagé, comme si une bande de tigres et d'hyènes se fût abattue sur ces mamelons riches et fertiles.

Les pauvres paysans de Taourga défendirent à peine leurs foyers ; quinze villages furent incendiés ; plus de 400 Arabes des deux sexes et de tout âge impitoyablement massacrés ; tant l'enthousiasme est voisin de l'horreur, tant les nécessités de la guerre sont voisines de la férocité !

D'ailleurs, dans un semblable pays, le soldat n'est plus lui-même. L'aspect violent de la nature fait l'homme violent et le familiarise avec l'emportement et la colère ; et il est difficile peut-être de concevoir le soldat humain et modéré dans ces gorges de l'Atlas, où nichent les aigles et où rugissent les lions.

La dernière affaire de cette campagne, pendant que le maréchal parcourait en triomphateur ce nouveau théâtre d'une impitoyable guerre fut plus étonnante encore et plus décisive sur l'esprit effrayé des Arabes.

C'était le 16 mai. Il s'agissait d'enlever, au moyen d'une attaque nocturne, les crêtes les plus imprenables de la Kabylie.

Vers deux heures et demie du matin, la pluie ne tombait presque plus ; les brouillards s'étendaient sur les flancs

des montagnes; un silence de mort régnait dans ces profondes solitudes. Les soldats étaient animés d'une telle
ardeur que, pour ne point faire de jaloux, on les avait mis
en marche par ordre de numéro... Le maréchal était à
leur tête. Quand la colonne parvint au pied de l'arête, le
crépuscule éclaircissait les ombres. La pente se dessinait,
tantôt pierreuse, tantôt hérissée de longues herbes et de
broussailles humides. Le maréchal marchait le premier,
et c'est à peine si l'on entendait le frôlement des buissons
foulés par le pied des fantassins ou le poitrail des chevaux. L'armée montait lentement et décrivait mille sinuo-
sités que la raideur du sentier à pic rendait aussi néces-
saires que périlleuses. A moitié route on fut forcé de
mettre pied à terre. On traînait après soi les chevaux; on
s'accrochait aux pentes, aux granits, aux broussailles,
pendant que l'aube blanchissait les hauteurs, prêtes sans
doute à se couronner de Kabyles.

L'événement ne tarda point à justifier les appréhen-
sions. Tout d'un coup, et comme par enchantement,
deux longues lignes de fantassins s'échelonnent sur les
cimes ; la fusillade éclate de toutes parts et sillonne
la pâle clarté du matin. Déjà l'avant-garde avait en-
levé le village d'Ouarez-Eddin et massacré les habitants.
L'armée arrive, marche sur les hauteurs, et se trouve au
sommet des crêtes, mais avec des masses d'ennemis qui
s'avançaient en poussant le cri de guerre.

Deux compagnies, emportées trop loin, essuyèrent à
bout portant un feu terrible qui leur mit, d'un seul coup,
plus de soixante hommes hors de combat.

Les renforts arrivaient au pas de course, et ils tom-
baient à peine sur la masse confuse et désordonnée des

Arabes, que déjà ceux-ci se précipitaient, frappés de ter-reur, dans la vallée de l'Oued-Kseub.

Cependant le combat continuait sur la ligne de droite des crêtes des Flissas, où les Kabyles défendaient avec fureur plusieurs villages perchés comme des aires sur les pentes sud de la montagne. C'est alors que le maréchal se porta sur la crête avec le 3e léger et le 26e de ligne. Toutes les forces des Flissas y affluaient, et la fusillade recommença plus terrible. Sur une feinte manœuvre du général Gentil, les Arabes croient que l'armée est en déroute; ils redoublent leurs coups et leurs clameurs, se dispersent çà et là sur les mamelons, et avancent, enveloppant les nôtres d'un feu rapide et bien nouri.

Le maréchal les laisse arriver, et au moment où ils croient que l'armée se resserre et se replie, nos soldats se dispersent à leur tour, prennent l'offensive au pas de course, chargent à la baïonnette, poussent les Arabes et les précipitent de rochers en rochers.

Le maréchal, debout sur un plateau découvert, dirigeait lui-même le combat, animant du geste et de la voix l'ardeur de ses soldats. Les balles pleuvaient et sifflaient autour de lui sans qu'il eût l'air d'y prendre garde. Les pentes et les pointes de granit étaient jonchées de cadavres : c'était une lutte frénétique et acharnée qu'exaltait encore la présence du grand capitaine, si beau de froideur et d'héroïsme pendant cette solennelle boucherie.

Cependant il fallait en finir ; le maréchal fit avancer l'artillerie, et bientôt la mitraille eut créé la solitude sur ces cimes sauvages et dévastées.

Puis, quand le silence eut remplacé le bruit éclatant du combat, pendant que le soleil africain roulait ses nappes de pourpre et d'or sur le flanc déchiré des montagnes, on put voir pendant longtemps encore serpenter dans le lointain et se perdre dans les gorges, de longues files de Kabyles qui emportaient leurs morts pour les confier à la terre, et leurs blessés pour les conserver à la vengeance. Triste et touchant spectacle d'un peuple désespéré qui subit la loi de la force, et s'en retourne enterrer à la fois ses morts qui engraissent les sillons et ses colères qui portent des fruits!

Ce jour-là, les drapeaux français flottèrent sur ces pics fameux d'où les Isafienses et les Musulani avaient précipité les légions romaines, cette fois là du moins, déshéritées de la victoire.

VI.

Isly.

———

C'en était fait de Ben-Salem , ce redoutable lieutenant
d'Abd-el-Kader , qui devait traverser Alger, pour mener
boire son cheval à la fontaine Bab-el-Oued. Son prestige
était détruit : le coq gaulois devançait les aigles sur les pics
formidables qui dominent la vallée du Sebaou. Abd-el-
Kader lui-même s'en allait demander à l'empereur de Maroc un appui, un refuge, et le salut de l'islamisme.

L'heure devenait de plus en plus solennelle pour les derniers vestiges de la civilisation arabe, et la casquette de
Boubaretta menaçait de détrôner pour jamais le diadème
des rois maures et le turban de Mahomet.

Le maréchal Bugeaud entrait alors dans sa soixantième
année ; mais l'âge semblait avoir sur lui le singulier privi-

lége de féconder son intelligence et d'enthousiasmer son âme, tout en respectant sa carrure paysanne et ses membres aguerris.

Au premier bruit des hostilités du Maroc, le maréchal abandonne les crêtes du Jurjura, pour courir du côté de l'ouest, à travers cent cinquante lieues de montagnes et de vallées.

Il quitta Dellys le 25 mai, après avoir soumis le pays en quinze jours. Il avait porté le fer et le feu dans une vingtaine de grands villages, et la terreur dans l'esprit de quarante mille montagnards.

La cause de l'Afrique française prenait des proportions immenses. Abd-el-Kader en ce moment cherchait l'appui du Maroc; et le Maroc lui-même implorait l'aide d'une puissance inquiète et jalouse, qui certes ne voyait pas sans un profond ressentiment nos triomphes en Algérie.

Le rôle du maréchal grandissait donc en raison des circonstances. Ses premiers succès avaient conduit les affaires à ce point culminant où il faut vaincre à jamais, ou tomber sous le poids d'un triomphe éphémère, qui n'a eu d'autre effet que d'aiguillonner l'ennemi.

La plupart des hommes d'État, de lettres, ou de guerre se font écharper sur les bords de leur Rubicon. Le maréchal Bugeaud devait passer le sien, triomphant, et y trouver, comme consécration de sa gloire, la perte d'Abd-el-Kader, la punition du Maroc et l'humiliation de l'Angleterre.

Car il est acquis à l'histoire que le timide et soupçonneux Abd-el-Rahman n'aurait ouvert à l'émir abattu ni ses bras, ni son territoire, s'il n'avait eu quelque raison de compter sur un puissant, quoique taciturne auxiliaire,

Une fois ostensiblement soutenu par le Maroc, Abd-el-Kader n'avait plus qu'à pousser habilement les deux nations l'une sur l'autre, et à se faire l'étincelle qui pouvait allumer le brasier européen.

C'était là aussi le Rubicon pour Abd-el-Kader. La partie devenait belle à jouer entre l'émir et le maréchal, bien que l'émir eût cette chance que le Maroc fournissait l'enjeu, et l'Angleterre le conseil.

Qui sait si ce ne fut pas sur la secrète excitation de l'émir que le belliqueux Sidi-el-Mahmoun poussa pour la première fois ses cavaliers sur les lignes du général Lamoricière ?

Toujours est-il que les Marocains furent punis à coups de fusil de leur agression intempestive ; mais la guerre était engagée, et le rusé Numide devait déjà s'applaudir de ce premier échec, qui pour sa politique cauteleuse, était cependant une victoire.

Le maréchal était à Oran. Au premier bruit de l'escarmouche, et voulant épuiser les voies de conciliation, il chargea le général Bedeau d'aller négocier avec Guennaoui, chef de l'armée marocaine, le rétablissement de la paix violée.

Le 14 juin, à 7 heures du matin, le Français et le Berbère, accompagnés de leurs officiers et du caïd de Tlemcen, se rencontrèrent au point convenu. Guennaoui avait fait avancer, à petite portée, 2,500 cavaliers noirs, 2,000 cavaliers irréguliers et 600 fantassins. Une sorte de fureur sauvage animait ces nouveaux ennemis de la France. En vain leur chef faisait des efforts pour les contenir ; un autre peut-être soufflait au milieu d'eux l'audace. Bientôt les envoyés français furent enveloppés, et le feu commença sur les quatre bataillons qui accompagnaient l'envoyé du maréchal

Ce dernier, prévenu à temps, fait mettre sacs à terre à quatre nouveaux bataillons; et il les lance au pas de course, pendant que les quatre autres se repliaient, harcelés de toutes parts par une nuée de cavaliers.

Le maréchal commande volte-face, forme les huit bataillons en échelons sur celui du centre, qu'il dirige droit au cœur de l'armée marocaine, qui venait de se rallier en masse frémissante et confuse.

En un moment la foule est atteinte, coupée, saccagée et dispersée.

La cavalerie arabe essaie de courir sur les échelons, qui la reçoivent avec un feu terrible. Les hommes, les chevaux roulent pêle-mêle. La terre et les broussailles boivent le sang; les Arabes tournent le dos, se penchent sur le pommeau de leurs selles, et s'élancent du côté du désert. Nos cavaliers et nos fantassins veulent courir..... mais un tourbillon de sable et de poussière enveloppe les fuyards, qui s'échappent en hurlant; et dont la forme indécise apparaît à peine dans le nuage épais qui roule et tourbillonne avec eux.

Après ce premier succès, le maréchal hésite encore; car il était dans sa nature de résister au destin qui l'entraînait vers les plus beaux triomphes. Il écrit à Guennaoui une lettre énergique et modérée. Ce dernier fait une réponse évasive. Le maréchal, impatienté, le traite plaisamment de *jésuite*, et lui adresse un ultimatum qui, signifié le 17 juin, reste sans réponse.

Le maréchal se mit alors en marche sur Ouchdah, en remontant l'Oued-Aïn-el-Abbess. Il arriva le 19, et traversa, sans brûler une cartouche, les riches et admirables vergers qui entourent la bourgade. Cette position ne contenait pas un soldat arabe. Le maréchal y laissa un bataillon du 3e léger, et continua sa marche pour rencontrer l'armée marocaine qui avait disparu comme par enchantement.

Enfin, le 2 juillet, le camp marocain fut signalé à deux portées de canon de l'Oued-Isly, sur lequel le maréchal venait de s'arrêter.

A toutes les négociations, dont la France se montrait si peu avare, l'insensé Abd-el-Rhaman ne répondait qu'en demandant le rappel du maréchal Bugeaud, sans prendre même aucun engagement au sujet d'Abd-el-Kader.

A cette nouvelle, le prince de Joinville, noble jeune homme aussi intrépide dans le combat que digne et grave dans le malheur, conduisit le pavillon français dans les eaux de Tanger, fit monter à son bord le consul de France, sa famille et un certain nombre de nos nationaux. Par son ordre, le bateau à vapeur *le Véloce* parut devant Mogador pour en retirer nos agents consulaires.

Une partie guerrière, vraiment belle, vraiment politique, vraiment sérieuse, allait donc s'engager sur les côtes et dans les eaux de la Méditerranée. Ce fut là certainement le plus grand jour, le seul peut-être de la monarchie de juillet. Il était bon que le canon de Tanger et les chasseurs de *Boubaretta* rachetassent dignement les faiblesses et les fanfaronnades de 1840.

Par malheur, ce ne devait être là qu'un événement, un hasard, une école buissonnière ; et ce rayon de vérité, ce moment de vraie et bonne politique devait passer comme un météore à travers la nuit du *système*.

Le 6 août, au soir, Tanger n'était plus qu'un monceau de ruines fumantes. Le vaisseau amiral avait reçu quarante-neuf boulets dans sa coque ; l'escadre française ralentissait son feu ; et, comme rangés sur deux immenses gradins, les navires du monde entier assistaient immobiles à ce combat et à cette victoire. Seuls, les vaisseaux de l'Angleterre avaient laissé tomber leurs voiles et hissé leurs plus petits pavillons.

Guennaoni avait été destitué et mis aux fers ; Sidi-Hamida, son successeur, cherchait à faire des propositions de paix. Il n'était plus temps ; Abd-el-Rahman avait quitté sa capitale, et ses émissaires répandaient des bruits d'insurrection dans les provinces de l'Afrique française.

Le sort avait parlé. Trop de hautes intrigues s'entrecroisaient dans cette affaire : il fallait frapper un grand coup.

Le 12 août, le maréchal fut rejoint par les six escadrons et les trois bataillons du général Bedeau.

Le soir, les officiers du maréchal offrirent aux nouveaux arrivés une fête de nuit ravissante, et dont les souvenirs sont vivants encore dans l'imagination orientale. Les pentes faciles qui dominent le lit de l'Ouerdefou avaient été chargées d'arbustes et de fleurs artistement ménagées. L'oranger, le laurier-rose, le grenadier, l'aloès, le cactus, entremêlaient leurs fleurs et leurs parfums. On avait allumé çà et là toutes les bougies et les lumières qu'il avait été possible de se procurer ; et quarante gamelles de punch pétillaient entre les feuillages et projetaient dans la nuit leur lumière fantasque et bleuâtre.

On riait, on chantait, on remuait la flamme du punch, qui s'en allait jouer çà et là sur le cuivre et sur le fer, sur les tambours et les baïonnettes.

Quand le vieux maréchal parut, avec ses yeux de tigre et son front de sénateur romain, il y eut un moment de profond et respectueux silence.

Au premier verre de punch, un toast fut porté en l'honneur de l'héroïque sexagénaire ; et ce moment de communion enthousiaste détermina l'une des scènes les plus émouvantes que la poésie puisse imaginer.

Le maréchal fit un discours. Sa voix tantôt vibrait comme du métal, tantôt se fondait et mourait dans une émotion toute-puissante. Il parla de la bataille prochaine avec toute la certitude d'un grand capitaine, et la piété d'un bon père qui envoie ses enfants au combat. L'effet de cette harangue fut littéralement prodigieux. On pleurait, on s'embrassait, on se serrait les mains ; les vieilles moustaches étaient humides, les jeunes regards éclatants comme les étoiles du ciel africain. La foule se pressait autour du maréchal, proférant mille serments de dévouement et mille serments de victoire.

« — Ah ! s'écria le noble vieillard, si un seul instant » j'avais pu douter du succès de la journée prochaine, ce » qui se passe en ce moment ferait disparaître toutes » mes incertitudes. Avec des hommes comme vous, on » peut tout entreprendre. »

Le 13, à minuit, après une feinte manœuvre, l'armée se mit en marche et arriva au petit jour sur les rives de l'Isly, qui ne put être traversé que vers cinq heures du matin.

Les Marocains, après avoir levé leur camp, l'avaient porté au delà du second passage de l'Isly, et déjà notre armée pouvait apercevoir, à la distance de deux lieues, les innombrables tentes qui blanchissaient les collines.

L'armée fut bientôt arrivée en regard du camp marocain. Le maréchal fit faire une halte de quelques minutes
pour donner ses dernières instructions. Comme il savait
qu'il n'y avait que trois gués, il ordonna de passer la rivière en ordre de marche, et de ne prendre l'ordre de
combat que sur l'autre rive après avoir chassé les nombreux cavaliers qui l'entouraient. Le passage s'opéra avec
audace. L'ordre de bataille fut pris sous le feu le plus vif
et sous des attaques réitérées. Bientôt l'ennemi, se dispersant, selon son habitude, en innombrables phalanges,
déploya ses forces en un vaste croissant qui, en se refermant, enveloppa notre armée.

Notre bataillon de tête fut dirigé au pas accéléré sur
le camp, pendant que les cavaliers couraient, criaient,
tourbillonnaient, ne s'approchant qu'à distance, et sans
cesse refoulés par les balles et la mitraille. Environ
une heure plus tard, le maréchal, jugeant le moment
opportun, détacha toute sa cavalerie et la lança au galop
sur l'ennemi, visiblement fatigué du combat et de ces
attaques plus brillantes que sérieuses.

L'armée présentait encore un grand losange, avec des colonnes à demi-distance, par bataillon, prêtes à former le
carré.

L'artillerie était distribuée sur les quatre faces, et se taisait depuis le départ de la cavalerie. Ces derniers ne pouvaient plus rencontrer sur leur route de forces capables de
les arrêter. L'artillerie accélérait sa marche..., le bataillon
de tête était déjà au milieu du camp, culbutant les tentes,
faisant main basse sur une énorme quantité de vivres et
de provisions. Le gros de l'armée tomba bientôt comme
une avalanche au milieu des troupeaux, des femmes, des

palanquins, des chariots qui encombraient le vaste emplacement où quelques heures plus tôt se pressaient 40,000 soldats marocains.

Un gros de dix mille chevaux arabes s'était rallié de l'autre côté du camp, et se disposait à reprendre l'offensive sur notre cavalerie rompue par les embarras du camp.

Mais l'infanterie ne leur en laissa pas le temps. Ils furent intrépidement chargés, dispersés, et nos cavaliers dégagés purent régulariser leurs mouvements.

Le maréchal Bugeaud rallia bientôt toute l'armée autour du fameux parasol et de la tente illustre qui devait venir orner le jardin des Tuileries. La victoire était complète, entière, décisive. Le lendemain de ce jour, le prince de Joinville écrasait Mogador et terminait, de concert avec le maréchal, cette guerre qui, faiblement conduite, pouvait compromettre gravement l'honneur de la France et peut-être la paix du monde.

En cas d'insuccès, qui sait ce qu'eût fait l'Angleterre? Après ce triomphe éclatant et incontesté, l'Angleterre se contenta de crier et de faire peur à notre gouvernement tout penaud et tout embarrassé de sa victoire.

A Alger comme à Marseille, comme à Paris, comme en Périgord, il n'y eut pas d'honneurs qui n'attendissent le maréchal. La France, toute cruelle qu'elle se montre parfois pour ceux qui la servent bien, la France n'est pas le pays de l'ingratitude. Elle sut combler d'honneurs l'illustre vieillard qui venait de lui donner un si beau jour de gloire; et certainement un jour la France démocratique, calme, fière et sûre d'elle-même, offrira sa main reconnaissante au jeune amiral qui fut le second, depuis nos grands désastres, à faire entendre le canon français dans les eaux de la Méditerranée.

Le roi Louis-Philippe écrivit au maréchal la lettre suivante que je me fais un devoir de reproduire ici :

« Neuilly, jeudi 29 août 1844.

» Mon cher maréchal,

» C'est avec une vive et profonde émotion que je viens » vous féliciter sur les brillants exploits que vous venez » d'ajouter à tous ceux qui ont illustré nos drapeaux. La » noble résolution que vous avez prise de livrer la bataille » de l'Isly, avec une armée aussi disproportionnée en » nombre que celle que vous attaquiez, a produit sur nos » braves soldats la sensation que j'ai éprouvée moi-même » en l'apprenant. J'ai senti que cet appel à des soldats » français devait les rendre invincibles, et ils l'ont été.

» Soyez, mon cher maréchal, mon organe auprès » d'eux. Dites-leur que c'est au nom de la France, autant » qu'au mien, que je vous demande d'offrir à cette brave » armée, que vous avez si glorieusement conduite à la vic- » toire, l'expression de la reconnaissance nationale, et » celle de l'admiration qu'inspirent sa valeur et son dé- » vouement.

» Recevez, mon cher maréchal, l'assurance de tous les » sentiments que vous conservera toujours

» Votre affectionné.
» Signé : LOUIS-PHILIPPE. »

Peu de temps après, le vainqueur eut le droit de s'appeler duc d'Isly, distinction assez puérile, peu en harmonie avec l'existence toute démocratique du maréchal, mais qui lui procura toutes sortes d'injures de la part des bourgeois libéraux et des journalistes démagogues, toutes gens qui sont les amis du peuple comme le tondeur est l'ami du mouton bêlant.

———

VII.

Le Dahra, la grande Kabylie, Azrou.

———

Il était dans la destinée du maréchal Bugeaud de grandir jusqu'au terme fatal assigné à sa noble carrière.

C'est ce que j'ai à démontrer avec l'évidence du jour, tout en laissant voir combien le sort, le *fatum*, semblait vivre en bonne harmonie avec le vainqueur d'Isly.

Au mois de juin 1845, pendant que nos soldats réprimaient l'insurrection du Dahara, un fait se produisit comme jamais peut-être il ne s'en est vu dans les annales de la guerre. Pendant que le colonel Pélissier, à la tête de sa colonne, poursuivait la tribu des Ouled-Riah, ceux-ci se jetèrent à l'improviste dans des grottes célèbres que le pied d'un ennemi n'avait jamais profanées.

Ces grottes situées dans un massif de rochers qui franchissent un profond ravin, en réunissant deux mamelons, avaient maintes fois servi de refuge aux tribus voisines contre le pillage des Turcs.

Les Ouled-Riah y chassèrent leurs troupeaux, y réunirent leurs femmes, leurs enfants, leurs vieillards, et s'y cachèrent eux-mêmes, décidés à s'y défendre jusqu'à la mort.

Sourds à toutes les sommations, ils ne répondirent que par des coups de fusil aux paroles de paix et de soumission.

Alors commença une de ces exécutions épouvantables, qui peut-être n'avaient pas affligé la pensée humaine, depuis ces gigantesques mannequins d'osier que les druides faisaient emplir de victimes, et brûlaient au milieu des clairières en l'honneur du fanatisme religieux.

Les Ouled-Riah furent traqués dans leurs grottes et enfumés comme des bêtes fauves.

D'énormes masses de broussailles furent entassées à l'ouverture des rochers, au bruit de la fusillade et des voix effrayantes qui gémissaient dans les entrailles de la terre. Des tourbillons de feu et de fumée s'élancèrent; et quand la nuit fut venue, ce dut être un spectacle bien solennel que cette flamme dévorante qui faisait crier les broussailles et crépiter les rochers.

Le lendemain, quand nos soldats pénétrèrent armés de flambeaux dans ces demeures dévastées, ils reculèrent d'horreur devant ces tableaux de mort et d'agonie que je n'ai pas le courage de retracer, puisqu'aussi bien j'ai celui de ne point charger de malédictions cette épouvantable catastrophe.

C'est ainsi qu'il faut comprendre la guerre : ni pitié ni

défaillance! Je vous tue, c'est bien; vous me tuez, c'est mieux; et le jour où je m'attendris sur vos douleurs, je suis bien près de m'attendrir sur les miennes. OEil pour œil, dent pour dent, c'est la loi. Et ceux qui enfumèrent les grottes du Dahara ne songèrent point à réclamer l'humanité de leurs vainqueurs, quand ils buvaient leur urine et coupaient leurs balles en quatre entre les murs crénelés du marabout de Sidi-Brahim.

Bien qu'il n'y eût point participé, le maréchal dut approuver l'expédition du Dahara. Agir autrement, c'eût été démoraliser ses soldats et donner confiance à l'ennemi.

Un chef de guerre peut empêcher un massacre, mais le désavouer, jamais. D'abord, c'est du sentiment en pure perte; c'est de l'humanité rétrospective qui ne réchauffe pas le sang dans les veines glacées du cadavre. Puis cela jette l'hésitation dans le cœur du soldat; et, dans l'art de s'entretuer régulièrement, hésiter, c'est être à demi vaincu.

Mais l'opinion n'en jugea pas de la sorte. Les ennemis du maréchal en acquirent un nouveau degré d'acrimonie. Les injures, les diatribes pleuvaient sur lui comme la grêle. Il crut devoir rentrer en France, ne fût-ce que pour laisser aux journalistes le temps de retailler leur plume, et aux avocats le loisir de reprendre haleine.

Le départ du maréchal eut pour suite immédiate une insurrection générale dans la province d'Oran. Quatre jours après son départ, la révolte éclatait aux environs de Cherchell; huit jours après, dans le Dahara; quinze jours après, chez les Flittas; et dix-huit jours plus tard, Abel-Kader vengeait l'affaire du Dahara par le massacre de Djemma-Ghazaouat.

La boucherie de Sidi-Brahim est dans toutes les mémoirés ; et — je dois insister sur ce point — les quarante soldats qui en revinrent étaient en droit de ne se point apitoyer sur les morts des cavernes enfumées.

Pendant ce temps, un nouvel aventurier, du nom de Bou-Maza, s'était élevé sur les ruines de la réputation d'Ab-el-Kader. Agé de vingt ans à peine, enveloppé de quelques aventures mystérieuses, ce nouvel élu du fanatisme arabe semblait venir selon les prophéties qui annonçaient le Moùle-Sââ (maître de la délivrance) après le Moule-Drâ (l'homme de la force).

Ce hardi compagnon s'était jeté à la tète des Flittas insurgés et venait de battre en plusieurs rencontres nos soldats si longtemps victorieux.

On se rappelle l'état où se trouvait l'Algérie quand le maréchal y fut appelé comme gouverneur. Un mois après son départ, les choses étaient revenues à peu près au même point, et l'étoile de la France pâlissait.

C'est à cette époque que le maréchal étant à Excideuil écrivit à M. de Marcillac, préfet de la Dordogne, cette fameuse lettre où il mettait pour ainsi dire le gouvernement en accusation. La lettre était impérieuse, il est vrai, mais elle était juste, et reflétait la profonde douleur d'un soldat qui voit s'en aller son œuvre dans les tâtonnements et dans l'indécision.

Le 15 octobre, le maréchal était de retour à Alger, déjà décidé sans doute à vênger le sang de Sidi-Brahim par la conquête de Bougie et des montagnes du Djerjerah.

Pour commencer, Abd-el-Kader fut chassé de tribus en tribus et de broussailles en broussailles. Quant au fameux Moule-Sââ, chacun sait ce qu'il devint ; et comment les gens de Paris purent contempler dans leurs salons et sur leurs trottoirs cet enfant des tribus fanatiques, en attendant que le Moule-Drâ vînt à son tour contempler, du haut d'un château royal, cette même Loire dont les chevaux d'Abdérame avaient autrefois bu les flots.

Cependant les Kabyles se soumettaient de toutes parts. Ben-Salem, Ben-Omar et Mokrani étaient venus à Alger chercher l'investiture et conduire le cheval de ghâdâ, signe de soumission.

Il n'y avait plus que les montagnes du Djerjerah, de Sétif à Bougie, qui échappassent à notre domination.

Le moment était venu de terminer enfin la guerre par un dernier coup de main tenté sur le dernier rempart des tribus insoumises.

Le gouvernement hésitait, tergiversait, temporisait. Le maréchal faisait ses apprêts de départ, sachant bien que les pouvoirs qui hésitent à dire oui, hésitent aussi à dire non. D'aileurs, son plan de campagne était conçu et la victoire décidée.

Deux colonnes devaient partir ensemble, l'une d'Alger, l'autre de Sétif, et se rejoindre en parcourant la grande Kabylie, dans les défilés du Jurjura, aux gorges de Fellaye.

Le 6 mai 1847, la population d'Alger put voir, sous les rayons du soleil d'Afrique, une colonne de huit mille soldats qui partaient, pleins d'enthousiasme, précédés par leur vieux maréchal dont la seule présence intimidait les Arabes. Le même jour, ils passaient le gué de Constantine sur l'Arach; et six jours plus tard, ils campaient à Hamza.

Le 8, les sept mille hommes du général Bedeau partirent de Sétif, et, quatre jours plus tard, vinrent camper à Bou-Sellam.

Ben-Salem, Mokrani, Mahi-ed-Din, nos récents alliés, marchaient avec notre armée.

Le 15, le maréchal forma son camp sur la rive gauche de la Summam. Sur la rive droite se déployait le riche et montagneux territoire des Beni-Abbas, les plus insoumis et les plus ardents des Kabyles.

C'était le même pays que nous connaissons déjà : d'énormes rochers flanqués de villages et de coteaux riants ; des pics inaccessibles, des sentiers de chèvre perdus au dessus des abîmes ; un ciel sans cesse orageux et des rivières limoneuses.

Sur le flanc le plus escarpé de la montagne, on apercevait de loin le fameux village d'Azrou, fortifié comme une citadelle, et défendu par deux énormes tours crénelées que Mokrani appelait *les Cornes du taureau.*

C'était là le point culminant, la tête du pays kabyle, et déjà de ces hauteurs éclatait contre nos soldats une fusillade bien nourrie.

Cette affaire devait être, hélas ! le dernier grand combat du maréchal : aussi fut-il digne en tous points d'Isly et de la Sikkak.

Le 15 au soir, le maréchal alla lui-même visiter les avant-postes. A minuit, elles furent vaillamment attaquées et plus vaillamment défendues.

Au point du jour, la colonne avait passé le gué de la Summam.

Trois bataillons restent à la garde du camp ; l'infanterie, sans sacs, se masse au pied de la montagne.

C'est alors que commença l'un des plus magnifiques assauts de toute notre guerre africaine. En dehors des tours et comme leur faisant un rempart de leurs corps, les Kabyles faisaient plonger sur les assaillants le feu de leurs carabines et des quartiers de granit.

Les zouaves s'élancent à la baïonnette.

Huit bataillons de ligne débordent sur les flancs de la montagne et protégent de leur feu la rapide ascension des zouaves. Les uns roulent, frappés de mort, jusqu'au pied de la montagne; d'autres s'attachent aux granits et aux broussailles; mais les autres montent..... pendant que l'armée kabyle descend du haut des crêtes en poussant d'effroyables clameurs.

Alors le maréchal fait lancer sur cette masse confuse des fusées qui y jettent le plus profond désordre. Les contingents plient et se débandent; les zouaves montent, les tirailleurs se resserrent... Quatre villages sont emportés.

Nos hommes courent à travers les blés, se répandent dans les rues des villages, escaladent les rochers et se jettent à la poursuite des montagnards, qui s'élancent du côté des plus hautes cimes. Le combat durait depuis trois heures, sous un soleil de 45 degrés, dans des lieux inaccessibles où l'on ne pouvait faire un pas sans escalader et gravir. Cependant le village sacré tenait encore, bien que le maréchal s'apprêtât à concerter sur ce point un irrésistible effort.

Il court lui-même à la tête de ses hommes, lance le 6e bataillon de chasseurs de Vincennes à ce périlleux abordage, déjà tourné par le 3e léger, pendant que l'artillerie foudroyait les Cornes du taureau, dont le front volait en éclats.

Un quart d'heure de carnage et de pêle-mêle, une chasse de vingt minutes, et tout était terminé. La grande

Kabylie était à jamais domptée , et cette importante victoire devait précéder de bien peu la soumission du littoral algérien tout entier.

Pendant ce temps le général Bedeau avait battu les Reboulas et les Beni-Brahim. Les deux colonnes se rejoignirent le 20 juin, et campèrent ensemble sous Bougie, le 24.

Le maréchal Bugeaud venait de terminer sa grande épopée guerrière , et c'est avec un art admirable que le destin lui en préparait la mise en scène.

Ce fut, le 25, à Bougie, que le fier vieillard s'embarqua pour la France, désormais satisfait de son ouvrage, et déclarant à ses officiers réunis que son rôle était terminé.

Le drapeau français flottait sur tout le territoire algérien ; le maréchal rentrait en France, où il espérait le repos, après quarante ans de travaux et d'éclatants services rendus.

Mais le vainqueur d'Isly n'avait point terminé sa carrière, et le hasard des révolutions lui réservait un nouveau rôle qui l'a élevé, dans l'estime des gens de bien, plus haut que n'eussent pu le faire cent bulletins de victoire.

VIII.

La Révolution.

———

Tant que le maréchal Bugeaud a vécu, son rôle providentiel pouvait être contestable. Ses ennemis lui déniaient le sens philosphique, hors duquel toute œuvre est stérile en une époque aussi profondément troublée que la nôtre. On lui déniait cette modération intrépide qui jamais ne s'émeut et ne s'irrite; on lui déniait cette cervelle de bronze et cette main de fer qui font défaut à la civilisation moderne; on l'affirmait comme un ennemi quand même du progrès, de la transfiguration forte et lente de cette société qui se débat dans le sédiment de ses origines.

Erreur d'un côté, injustice de l'autre.

Dans les dix-huit derniers mois de sa vie, le maréchal Bugeaud a vécu comme vivent les prophètes et les grands hommes, avec Dieu. Sa vieillesse est devenue symbolique ; et sa mort seule est plus féconde en enseignements supérieurs que toute la science brutale, grossière et incomplète de la démagogie socialiste.

C'est que le maréchal était un homme d'action, qui préférait les actes aux paroles, la force du fait aux sots délires de la rêverie ; et, de même qu'il a fait, en Afrique, de la politique en action, il a fait en mourant de la philosophie pratique, et s'est constitué le chef de ce grand parti de l'inconnu, que M. Guizot baptise par avance : *le parti social*. Et c'est vraiment une admirable chose, que ce grand citoyen si souvent victorieux de l'émeute ait été contraint par la main d'en haut de se retirer devant une révolution.

Et si l'on me demande quelle différence j'établis entre une émeute et une révolution, je dirai que celle-ci est une main qui blesse, un fer qui tue, tandis que l'autre est un cœur qui bat, une intelligence qui parle. L'émeute est un mal externe, une dartre, une carie, un chancre ; une révolution est un mal de tête et de cœur, un mal interne, un malaise profond et général, que suit bientôt une mort sinistre ou l'aurore d'une santé nouvelle.

Or, avant le 24 février, la révolution existait aussi bien en France que la fièvre avant la crise, dans un malade qui souffre sur son lit de douleur.

Le côté émeutier de cette révolution était bien, il est vrai, absurde, puéril et insolent. Mais quand je me demande si le maréchal Bugeaud pouvait agir sur cette marmaille démagogique comme sur les émeutiers de Lyon et de Saint-Méry, je dis non ! car derrière l'émeute il y avait la nation, la nation tout entière, moins deux cent mille bourgeois, sans caractère véritablement légal.

Dira-t-on que c'est l'émeute qui a jeté le premier brandon révolutionaire?

On se tromperait fort. La révolution s'est montrée dans les manifestations qui s'organisaient sur tous les points de la France; dans l'orage qui déchirait les tentes du banquet de Mâcon; dans l'aspect des partis modérés se laissant aller aux plus incroyables violences parlementaires; dans le malaise de la société tout entière; dans l'affreux abaissement de la pensée scientifique et littéraire; dans ces crimes sociaux qui éclairaient çà et là d'une lueur sinistre les hauteurs du monde officiel. Quant à l'émeute, elle a été tout juste, dans le mouvement révolutionnaire, ce que les républicains de la veille ont été dans le mouvement gouvernemental. Et d'ailleurs, le fait de la révolution était si bien et si positivement accompli en février, que l'émeute n'a eu qu'à montrer ses figures sinistres et ses bandes éclopées, pour que toute une grande nation officielle, une famille royale, deux chambres, un conseil d'état, une magistrature, un clergé, une armée de cinq cent mille hommes, une administration puissante...., pour que tout cela, dis-je, disparût comme par enchantement, sans résistance, sans protestation, sans un mot, sans un geste, devant un haillon de drapeau rouge porté par cinq ou six échappés de Doullens et de Clairvaux.

Qu'eût produit sur le côté *émeutier* des journées de février une résistance à main armée?

Rien ou tout.

Rien, si l'autorité royale persistait dans son errement et dans l'illégalité de son origine.

7.

Tout, si le roi, confiant au véritable état de la France et à la sévérité des principes, se fût jeté dans Vincennes, proclamant la convocation du peuple en assemblées primaires, et déclarant qu'il mettrait de sa main le feu aux poudres de la forteresse avant de laisser traîner dans les ruisseaux l'ordre public, la loi, le gouvernement.

Mais quoi! ce n'était pas un homme de soixante-seize ans, un voltairien de l'autre siècle, qui pouvait concevoir à la fois cette intrépidité du commandement et cette intrépidité de l'obéissance.

La dynastie de juillet était condamnée, et il était dans le destin du maréchal Bugeaud de ne point tirer l'épée contre son pays, au profit d'un roi qui méprisait la charrue, et d'un gouvernement qui travaillait dans les nuages, à soixante pieds au-dessus des besoins de la France.

Je n'ai point à rechercher ici *les mots* qui furent prononcés dans la suprême entrevue entre le roi qui ne voyait plus et le maréchal de France dont l'œil, au contraire, perçait de plus en plus peut-être les obscurités de la situation.

La Révolution de février s'accomplit donc comme chacun sait; et j'insiste sur ce point que cette révolution était certainement, dans son essence, dans sa nécessité sociale, en parfaite harmonie avec les instincts du maréchal Bugeaud.

En supposant un moment que le roi Louis-Philippe eût chassé sans hésiter de ses conseils, la haute finance, la haute intrigue et la haute pédagogie;

Qu'il eût résolument interrogé le suffrage universel sur sa qualité royale ou sa qualité citoyenne;

Qu'en appelant aux affaires étrangères M. Molé, il eût

dessiné une autre politique que la politique anglo-autri-
chienne de M. Guizot;

Qu'en appelant M. de Lamartine, M. Hugo, M. de Girar-
din, il eût fait un appel direct aux lettres et à l'esprit
moderne, opposés à la routine universitaire et à la pédanterie inféconde qui opprime l'enseignement...

A ces conditions, peut-être le maréchal Bugeaud eût
pu plonger le sabre d'Isly, jusqu'à la garde, dans le ventre
creux et bouffi de la démagogie armée. A ces conditions,
le fier paysan d'Excideuil eût pu prendre la présidence du
conseil, y apporter, comme deux principes de foi, son épée
et sa charrue, et mener la France à une merveilleuse renaissance économique après l'avoir menée à de si grandes
et si admirables victoires.

Dieu ne l'a pas voulu. Le splendide mouvement de février, si facile à conduire, à organiser et à jeter dans une
voie heureuse, devait tomber aux derniers degrés de l'a-
baissement politique et intellectuel, avant le jour où l'État
devait se relever, du moins, dans sa forme, dans sa cohé-
sion, — en attendant qu'il se relève dans sa force et dans
sa grandeur.

Longtemps avant le 10 décembre, le maréchal Bugeaud
avait fait adhésion à la République, mais en ayant à subir, bien entendu, les injures des républicains.

Honnêtes gens qui commencent par vous dire : Je vous
assomme, si vous n'adhérez pas ! Mais je vous couvre
d'opprobre, si vous adhérez !

Ces messieurs ne concevaient pas que l'on adhérât à la
République sans adhérer aux bandes de M. Caussidière et
au tombereau du boulevard des Capucines.

Ce n'est pas ainsi que le comprenait le maréchal Bu-

geaud. En adhérant à la République, il adhérait aux volontés de la France, dont les trente mille communes venaient de se prononcer d'une voix à peu près unanime.
En adhérant à la République, l'ennemi des factions adhérait à la seule forme de gouvernement qui soit en vraie
et sérieuse puissance de museler les factieux et de pulvé-
riser les factions.

La France était à ce point livrée à la folie et à l'erreur,
que le maréchal ne fut point envoyé par le peuple de la
Dordogne à l'Assemblée nationale constituante. L'homme
qui avait arraché son département à la misère, à la routine; le premier peut-être qui eût planté la luzerne et la
pomme de terre dans les champs du Périgord, fut frappé
d'ostracisme par ses concitoyens. En revanche, la Gironde
et la Charente-Inférieure se disputèrent l'honneur d'envoyer dans les conseils du peuple le vainqueur d'Isly, le
vieux maréchal démocrate.

Un peu plus tard, un grand nombre de colléges électoraux songèrent à lui pour la présidence de la République.
Le maréchal devait commencer à cette occasion son existence philosophique, son époque d'intellectualité supé-
rieure.

Il déclina cet insigne honneur.

Il comprit qu'en un temps où les partis se plaisent mu-
tuellement à se déchirer et à se noter d'infamie, il était
besoin d'écarter les chefs de partis de la première magistrature constitutionnelle.

Il ne voulut pas hasarder cette grande fonction entre
des mains indignes ou des mains liées; et, de concert avec
la presque universalité de la France, il accepta pour signe
de l'ordre, un grand nom, un esprit démocratique libre

des coteries , et seulement enchaîné par ses propres idées.

En agissant ainsi, le maréchal Bugeaud fit, selon moi, un pas immense dans la politique d'ordre , de discipline, de force et de modération qui seule peut sauver la patrie. Il ferma la bouche à ceux qui le taxaient d'outrecuidance; et il fit voir qu'il y a des capitaines blanchis par l'âge et couronnés de gloire, qui savent se ranger à propos et se découvrir, pour laisser passer le peuple qui bat des mains à la poésie d'un grand souvenir.

La nomination du maréchal Bugeaud eût eu , ce me semble, une signification trop absolue. C'eût été condamner trop brutalement et trop vite ceux-là qui , bons ou mauvais, avaient , au demeurant, ramassé le pouvoir tombé dans les ruisseaux de février. Les hommes du gouvernement provisoire , bien qu'appartenant à un parti condamné d'avance, pécheurs par faiblesse plutôt que par intention, n'avaient pas à ce point démérité du pays pour qu'on les souffletât si fort avec la nomination du maréchal Bugeaud. — Tout le monde avait compris cela : le vote du 10 décembre fut admirable d'ensemble; et dès ce moment le maréchal demeura l'un des premiers de la situation gouvernementale.

Appelé au commandement supérieur de l'armée des Alpes, le vainqueur d'Isly se dirigea vers ces fiers bataillons qui sont appelés peut-être à jouer un si grand rôle en Europe.

La haine des factions revenait sans cesse à sa pensée. Ses discours à Bourges et à Lyon sont connus de tout le monde. Il marchait à reculons du côté de la frontière, en montrant aux anarchistes son œil fauve et son poing crispé.

Pendant ce temps, le pape se sauvait devant son œuvre, en l'abandonnant à des mains indignes; la Hongrie se-couait de ses mains puissantes le dernier temple de l'ab-solutisme, défiant au combat l'irréflexion des peuples trop jeunes et l'agonie des peuples trop vieux... Que fallait-il pour demeurer à la frontière de France, dans la seule at-titude qui convînt alors à ce grand peuple, la patience et l'immobilité?

Il fallait avoir trente ans, le génie de Bonaparte et la force lente de Cromwell.

Le maréchal Bugeaud était vieux; il n'avait plus le temps d'attendre que les grandes lignes de combat se des-sinassent en Europe, et que les nations vissent clair en elles-mêmes. Il revint donc à Paris pour prendre part aux travaux de l'Assemblée législative, où plusieurs colléges électoraux s'étaient disputé l'honneur de l'envoyer.

Récapitulons donc en peu de mots la vie du maréchal :

L'empire l'a vu soldat, gagnant ses grades à la pointe de son épée.

La Restauration l'a vu paysan-novateur, laboureur-révolutionnaire.

La monarchie de juillet l'a vu planant sur les crêtes du Jurjura, et décorant son pays d'une impérissable gloire.

La République l'a vu soumis aux volontés souveraines de la nation, déposant sa candidature aux pieds de l'or-dre et de la discipline des partis.

Maintenant, dans le peu de jours qui lui restent à vivre, nous allons le voir père de l'État, prophète au lit de mort, forte et radieuse image de la démocratie à venir.

IX.

La tribune et le lit de mort.

Dans la journée du 30 mai dernier, comme si quelque voix mystérieuse eût poussé mon pied du côté du Palais de la loi, du côté de ces débats républicains, si peu dignes, si peu élevés, j'entrai dans une tribune en me demandant à moi-même ce que je venais faire dans ces régions de l'ostracisme et de l'oubli.

Je n'entendrai, me disais-je, ni la voix fière et grave de M. Guizot, ni les soupirs passionnés de M. de Lamartine, ni le timbre marécageux du citoyen Proudhon, ni les sifflements incisifs de l'avocat Jules Favre.... En vérité je ne pensais pas assister à une séance à ce point étrange, dramatique et significative, qu'elle donne la vraie allure des temps modernes, en ce qu'ils ont de grand, de grotesque, de puéril et d'imprévu.

Le fauteuil de la présidence était occupé par un vieillard de quatre-vingts ans, dont la voix creuse et sépulcrale arrivait à peine jusqu'à nous. Bientôt un débat irritant s'engagea sur un changement opéré dans le personnel des préposés à la garde de l'Assemblée nationale.

« — Vos délibérations sont menacées, s'écriait M. Ledru-Rollin, la face empourprée et le poing fermé. — Vous n'êtes plus chez vous ; on change les gardiens de votre palais sans en référer à votre président. Votre bureau n'est que provisoire ; il ne saurait avoir qualité pour vous protéger efficacement. Et le jour où la milice des coups d'État viendra vous envahir et vous montrer la pointe de ses baïonnettes, ce jour là, vous aurez vécu. »

— C'est vous et vos amis qui envahissez l'Assemblée !... dit le président à demi-voix et de façon à n'être entendu que de l'orateur.

Celui-ci se retourne, car le trait lancé par derrière l'a frappé en plein visage.

Il crie, il tempête, il dénonce le président ; il atteste que dans sa personne on vient d'insulter son parti ; et, prenant une pose héroïque, il déclare que la tribune n'étant plus libre, il se retire sur le Janicule.

Dès ce moment, c'est un indescriptible tumulte. La Montagne devient plaine à force de rouler du haut d'elle-même. Ces Messieurs montrent le poing à tout le monde, échangent et épuisent à la fois tout le vocabulaire des vociférations. Ce n'est plus une Assemblée nationale ; c'est un champ de foire, une cohue de braillards, une troupe d'écoliers qui s'ingèrent de jouer à la violence et à la solennité. Vous mettriez la main sur le cœur de ces gens-là, que vous n'y sentiriez pas un battement de plus qu'à l'heure où ils méditent leur comédie révolutionnaire. Ils se tordent et se battent les flancs afin de se mettre en vue et d'irriter le pauvre peuple qui n'en peut mais ; ils posent à la manière des tribuns de la Convention ; comme si ce n'était pas assez pour ces héroïques guillotinés de subir l'injure de l'histoire, sans être profanés une dernière fois par le masque de leurs Sosies !

Et les petits jeunes gens, les impubères du suffrage universel.... les citoyens secrétaires... il faut les voir, si l'on veut prendre une bonne leçon de tenue socialiste et de mélodrame parlementaire.

Ils escaladent le bureau, les grands hommes !... Et les voilà, l'un après l'autre, qui de sa basse-taille caverneuse, qui de son fausset plus criard que le galoubet d'un aveugle, les voilà, dis-je, en procession démagogique, qui viennent déposer leur démission sur le velours de cette tribune que leur chef de file déclare ne plus être libre.

Oh ! alors l'émotion est à son comble, et il n'y a plus qu'à faire son deuil de la France, car l'attentat est consommé : la tribune est esclave et les tyrans sont à nos portes !

Le président se couvre en signe de calamité publique. La séance est suspendue ; l'hémicycle est encombré ; la Montagne vocifère ; et le président appelle au bureau de nouveaux secrétaires choisis parmi les plus jeunes membres de l'Assemblée.

Bientôt la séance est reprise. Sur un mot d'explication donné par le président, M. Ledru-Rollin, qui est de bonne composition sur les libertés parlementaires, proteste que la tribune est parfaitement libre et s'apprête à poursuivre le cours de son oraison révolutionnaire.

Mais qui va se trouver dans la masse ? Les jeunes citoyens du bureau qui prétendent retirer leurs démissions si solennellement déposées.

Comme anciens secrétaires, ces messieurs veulent reprendre leurs places ; les nouveaux ne veulent pas quitter les leurs ; la gauche vocifère pour les anciens secrétaires ; la droite commence à vociférer pour les nouveaux ; M. Commissaire crie après son fauteuil et son encrier officiel ; M. Bonaparte tient bon ; la droite lui dit de rester, la Montagne lui crie de partir ; un membre trop zélé du parti de l'ordre prononce, en désignant l'extrême gauche, cette phrase, à tous les degrés fâcheuse et intempestive :

— Nous ne voulons pas vous céder !

Le tumulte va croissant ; on commence à rire dans les tribunes ; et chacun de se demander où peut aboutir un débat aussi vil, aussi indigne, aussi déplorable.

Je demande pardon à mes lecteurs d'avoir laissé à cette bataille parlementaire tout son caractère bizarre et presque grotesque, et je désire que la dignité de mon récit soit sauvée de la même façon que le fut la dignité de l'Assemblée.

Car, en vérité, tout fut théâtre et mise en scène dans cette incroyable séance, qui, si féconde en incidents puérils, violents et ridicules, devait se terminer de la façon la plus noble, la plus majestueuse.

Tout d'un coup nous vîmes passer dans l'hémicycle une tête blanche qui se dirigeait à la tribune.

C'était le maréchal Bugeaud ; et voici les paroles qu'il prononça au milieu du plus respectueux silence :

— Je désire, dans le cours de cette session, me trouver plus d'une fois d'accord avec M. Ledru-Rollin... le citoyen Ledru-Rollin, si vous l'aimez mieux. Je le désire, sans l'espérer; mais je viens appuyer ses conclusions. Les majorités sont tenues à plus de modération que les minorités; à ce titre, je demande que MM. les secrétaires provisoires reprennent leurs places. »

Ces quelques mots, dits d'une voix brève, claire, incisive et un peu dédaigneuse à l'endroit de messieurs de la Montagne, firent une profonde impression sur l'Assemblée tout entière.

Les conclusions du maréchal furent adoptées à l'unanimité.

Ainsi se termina ce débat, où les hommes de l'anarchie donnèrent au maréchal l'occasion d'un dernier et admirable triomphe.

— Allons, me dis-je en moi-même, ceci est une victoire philosophique que le maréchal vient de remporter sur lui-même; et voilà une parole qui vaut une bataille gagnée.

Six jours plus tard, j'étais dans la salle des Pas-Perdus; je vis pour la dernière fois entrer dans le sanctuaire des grands débats le maréchal Bugeaud, et je dis à quelqu'un dont je tenais le bras :

« Si cet homme-là avait dix ans de moins, et dans la » tête quelques bribes d'Horace, de Virgile, de Kant, de » Leibnitz et de Bacon....., avant quelques chétives an- » nées ce serait le génie de l'Europe. »

Ce jour-là même, le maréchal se mit au lit, frappé par la terrible épidémie dont trente-six degrés de chaleur alimentaient la voracité.

Le 8, au soir, les médecins venaient de quitter le maréchal, en ordonnant les plus minutieuses précautions, et surtout le maintien d'une chaleur continue dans l'économie du malade.

Vers minuit, l'illustre vieillard avait la fièvre; une soif ardente le brûlait, et il s'agitait sur son lit de douleur, en proie à ces inquiétudes, à ces mouvements nerveux qui sont un des caractères de la fatale épidémie.

— François, dit le malade en s'adressant à son valet de chambre, vieillard blanchi dans le service de son maître, j'ai soif, donne-moi à boire.

— Les médecins l'ont défendu, dit le courageux et dévoué serviteur; je supplie M. le maréchal de ne pas insister.

— Donne-moi à boire, ou je te chasse.

— Il en sera ce qu'il plaira à Dieu. Ici, ce sont les médecins qui commandent, et non pas M. le maréchal.

Cette lutte affreuse, entre un malade dévoré par la soif et un serviteur résolu de demeurer fidèle à sa consigne, dura quelques instants encore.

Le maréchal s'agitait de plus en plus. Devant un ordre impérieux, le loyal serviteur dut se retirer, espérant sans doute que son absence calmerait le malade, et que la fatigue suffirait à lui empêcher une imprudence.

Il n'en devait pas être ainsi. Le maréchal ne fut pas plus tôt seul, qu'il se jeta à bas de son lit, et que, se soutenant aux meubles et aux murailles, il atteignit, la lèvre sèche et le corps demi-nu, un buffet, une carafe et un verre.

Il y versa quelques gouttes de vin, le remplit d'eau

froide jusqu'aux bords, et but à longs traits ce poison d'une espèce nouvelle.

Le 9, le maréchal fut à toute extrémité, depuis quatre heures du matin jusqu'à dix heures du soir.

Un bain sinapisé avait pu rendre un peu de chaleur à ses membres, et il s'en était suivi un mieux qui laissait quelque espoir.

Le matin, à onze heures, le président de la République était au chevet de l'illustre vieillard. Le colonel Vaudrey, premier aide de camp du président; le colonel Ferey, aide de camp du maréchal; le colonel Lheuven, aide de camp du ministre de la guerre, et M. Achille Vigier, assistaient à cette douloureuse entrevue.

« Je suis bien aise de vous voir, prince, dit le maréchal,
» dont la main était affectueusement serrée par celle du
» président; vous avez une grande mission à remplir.
» Vous sauverez la France avec l'union et le concours de
» tous les gens de bien. Dieu ne m'a pas jugé digne de me
» laisser ici-bas pour vous aider. Je me sens mourir.
» — Tout n'est pas désespéré, répondit le président;
» nous avons besoin de vous, et Dieu vous conservera. »

Les personnes présentes se retirèrent sur un signe du malade, et un entretien d'environ dix minutes eut lieu entre le président de la République et le maréchal.

« Je reviendrai vous voir, » dit en se retirant le président de la République.

« Vous avez d'autres devoirs à remplir, merci; mais je sens que tout est fini pour moi », répondit le vainqueur de l'Algérie.

Le président sortit de l'appartement les larmes aux yeux et profondément ému de cette triste entrevue.

8.

L'archevêque de Paris avait fait dans la matinée une première visite au maréchal; il revint, à midi, accompagné de M. Sibour, son cousin, son premier vicaire-général. Le maréchal accueillit le prélat avec bonheur, et lui dit : « Votre présence, monseigneur, me fait grand bien; j'avais besoin de vous voir. »

M. le général Changarnier était venu plusieurs fois dans la journée pour avoir des nouvelles du maréchal. MM. Cavaignac, Thiers, de Broglie, Molé, Piscatory, y étaient restés une partie de la journée.

Mais à côté des sommités sociales qui se pressaient près du lit de mort du grand capitaine, à côté des amis de sa gloire, il y avait aussi les amis de son âme, les amis de sa vraie grandeur; il y avait le peuple, le peuple des camps et de l'atelier. La cour et les abords de l'hôtel Vigier étaient encombrés de vieux soldats qui venaient s'asseoir sur le seuil de cette demeure où mourait celui-là que tant de balles ennemies avaient respecté. Il y avait des ouvriers, des pauvres, des femmes, des enfants, foule respectueuse et prosternée qui versait de saintes larmes sur cette fosse ouverte qui allait engloutir à la fois le bâton du maréchal de France, l'épée du soldat et le soc du travailleur. C'est ce spectacle émouvant qui élève la mort du maréchal Bugeaud à la hauteur d'un enseignement et d'une calamité sociale, qui indique et commande l'avenir; car le peuple pieux et bon qui accourait à cette agonie pour y apporter ses larmes et ses respects, y apportait aussi ses blessures et ses haillons.

Le maréchal Bugeaud mourut la nuit suivante, à trois heures du matin, pendant que la diane réveillait les soldats, et que l'aube souriait aux laboureurs.

On lui fit de magnifiques funérailles, que je n'ai point à décrire, peu soucieux que je suis de raconter la splendeur humaine, là où je vois le peuple qui s'émeut et la main sévère de Dieu qui avertit.

Le maréchal Bugeaud a vécu comme un fort et comme un juste; il est mort comme un prophète. Son âme est dans le cœur du peuple; son idée dans l'esprit des penseurs; et ses cendres sont aux Invalides, côte à côte avec celles de Vauban, de Turenne et de Napoléon.

CONCLUSION.

I.

En écrivant une appréciation raisonnée des travaux politiques et militaires du maréchal Bugeaud, je n'ai point
entendu faire une oraison funèbre qui excitât seulement
autour de ce grand capitaine l'enthousiasme et l'admiration.

J'ai décrit ou raconté. J'ai battu des mains sur les rives
de l'Oued-Isly; j'ai pleuré près du lit de mort; mais il me
reste à dégager absolument des obscurités de nos débats
la physionomie sociale et humanitaire du maréchal.

Il me reste à démontrer que ce rude guerrier, avec ses
défauts et ses qualités, était tout simplement le type,
le sens, l'avertissement de son époque; et que cette époque
ne trouvera de salut qu'en déterminant à son profit l'ex-

pansion rationnelle de cette existence qui fut un germe, et de cette mort qui est une floraison.

Je répète à dessein et je précise. Développez, selon nos temps, toutes les puissances instinctives et intellectuelles du maréchal Bugeaud..... vous vous trouvez immédiatement face à face ave le Cromwel, le Napoléon, le Mahomet, le Washington de la démocratie européenne.

Né vers la fin du dernier siècle, le grenadier de 1804 était certainement un esprit déjà meilleur et de signification plus moderne que les sombres rhéteurs de 92. Esprit droit, perçant et loyal, c'est un praticien du travail qui croit plus utile au bonheur *des humains* de remuer une jachère que de couper deux cent mille têtes. Déjà ce n'est plus le bourgeois frénétique, bourré d'orgueil et de personnalisme ; c'est l'ouvrier du sol, de l'atelier ou du champ de bataille. C'est le peuple prime-sautier qui, n'ayant peut-être point l'art d'exprimer les fortes images de son âme, a tout juste d'esprit ce qu'il en faut pour mépriser les pédagogues et la phraséologie d'école. Car le dédain que les esprits francs du collier professent pour certaines littératures est certainement la plus sanglante satire qui jamais soit tombée d'aplomb sur les lettres françaises.

Du temps que le maréchal Bugeaud essayait d'ouvrir son intelligence aux lettres et au beau langage, que rencontra cet esprit ardent que la forme puérile fatiguait et qui voulait la substance ? Il trouva cet arrangement des mots, cette pédanterie de langage, cette afféterie de sentiments, ce froid décalque des littératures décalquées dont s'alimentaient, il y a quarante ans, les endormeurs de la pensée publique.

Certes, je ne prétends pas dire que le maréchal Bugeaud

eût en lui les puissances patientes de la création littéraire. Esprit prompt, cassant, altier, courant droit au but; son affaire, à lui, était d'envelopper le succès et de le dévorer du premier coup.

Cela posé, et si l'on veut bien se représenter un moment le maréchal Bugeaud épelant le mensonge et là lourde inanité des lettres de son époque, qui pourrait trouver étrange, le mépris, la colère et le ressentiment dont le vaillant homme frappa pour jamais les lettres auxquelles il offrait son âme, et qui ne lui rendaient qu'un vain bruit, des images confuses et de la poussière?

Le maréchal voulait qu'on lui obéît. Or, la pédagogie de son temps ne lui obéissait pas plus qu'un paquet de feuilles sèches à l'estomac d'un homme sain. Le maréchal crut qu'il y avait de sa faute, et il se vengea des lettres en les méprisant.

Qui sait l'immense horizon philosophique qui eût pu s'ouvrir dans l'intelligence du maréchal si au lieu d'épeler les lettres dans Voltaire et dans Campistron, il les eût avidement lues dans Sophocle, dans Shakspeare et dans Schiller?

Donc, sous le rapport des lettres, le paysan d'Excideuil demeura rude et défiant.

Grave enseignement! avertissement admirable! Car, selon moi, la physionomie du maréchal Bugeaud serait de beaucoup amoindrie s'il avait été ce que l'on est convenu d'appeler en France un amateur des belles-lettres, s'énamourant d'un madrigal, se pâmant d'un sonnet ou discutant les hémistiches du volume né la veille.

II.

Mais le maréchal Bugeaud ne bornait point là ses colères et son dédain. Il haïssait profondément les avocats et les journalistes, et jamais il ne manquait l'occasion de manifester ses sentiments à cet égard.

J'ai déjà donné ce fait à entendre, que le maréchal était un des premiers venus parmi les hommes qui doivent compter dans l'époque présente, en achevant de la transfigurer. Or, pour transfigurer il faut réagir. Mais qu'est-ce que le journalisme, sinon la pensée officielle d'une société tout entière, dans ce qu'elle a de bon, comme dans ce qu'elle a de pire! Le journalisme, c'est à la fois l'épanouissement nécessaire de ce qui ne vit pas dans une civilisation et de ce qui ne vit plus. Le journalisme, c'est le regret et le désir; c'est le passé des faits et c'en est aussi l'utopie. Ne savoir pas gouverner le journalisme, c'est de l'impuissance; le méconnaître, c'est de la maladresse; le frapper, c'est de la folie; le haïr, c'est haïr l'humanité elle-même et ses plus vitales conditions.

Le maréchal, en détestant le journalisme, était tout simplement le jouet d'une erreur d'optique intellectuelle. Homme de fait, de travail, de pratique, de positivisme et d'actualité, le maréchal devait, en vertu de sa qualité de fondateur, réagir contre le regret et contre l'utopie qui, sont les deux leviers actuels du journalisme ; point du tout contre le journalisme lui-même. Là était l'erreur. Mais, ayant pour ainsi dire désespéré des lettres et de la science, le maréchal ne voyait du journalisme que le côté dissolvant et malsain ; il n'en pouvait pas soupçonner les côtés forts et dominants, qui seuls sont en puissance de paralyser les regrets et de désorganiser l'utopie.

Mais quoi ! je soutiens que la haine du journalisme, dans la vie du maréchal, de même que son mépris des lettres, emporte sa signification profonde.

—«Livres et poëmes, je vous lirai quand vous serez vrais, émouvants, colorés, vivants...Quand vous serez peuple comme moi.

— » Journalisme, je te reconnaîtrai et je cesserai de te maudire, quand, au lieu de ne refléter que les mauvaises et les hypocrites passions, tu seras vraiment le miroir de la société tout entière, et que tu jetteras la fécondation positive entre les ruines du passé et les germes de l'avenir.»

III.

Quand j'ai dit que le maréchal Bugeaud était certainement un des premiers serviteurs de l'autorité démocratique ; quand j'ai avancé qu'il était pour ainsi dire le père et le chef de ceux que Dieu pousse à réagir contre les vices

de la société moderne, je n'ai rien dit qui ne fût scrupuleusement vrai ; et, dans tous les cas, c'est une question que présentement j'abandonne à la sagacité des hommes d'intelligence et de bonne foi.

Mais je trouve de mon allégation une preuve nouvelle dans la fureur instinctive et presque sauvage dont le maréchal accueillait les démagogues et les factieux.

Car un des vices les plus radicaux de ce temps si fécond en vices de toute sorte, l'empêchement le plus farouche qui dorme à la porte d'où pourrait sortir un jour le peuple libre et régénéré, c'est bien certainement l'outrecuidance de la démagogie armée, cette honteuse ivresse des incapables et des pervers, qui poussent le peuple en colère à déblayer pour eux les sentiers de l'ambition. En un temps comme le nôtre, les factieux ne sont pas seulement infâmes, ils sont stupides. Dans une époque de foi ardente, de force enthousiaste et de *sauve qui peut* économique, je conçois le sang, le combat et les factions ; mais dans une époque où quatre-vingts citoyens sur cent parviennent à se faire une nichée ou quelque chose d'approchant, dans un temps où l'on n'a plus d'autre foi, d'autre enthousiasme que le rêve d'une situation laborieusement améliorée..... je dis qu'il faut être frappé de vertige et d'hallucination pour attiser le feu des factions ; car en faisant un mal immense à la société, elles n'ont pas même la force de prêter le flanc trois jours de suite aux ambitions éclopées qui les traînent à leur suite. Trembler de perdre le sou qu'on a, et s'épuiser en rêveries pour gagner l'écu que l'on désire, tel est le caractère des temps modernes. Les factieux ont de nos jours deux ennemis impitoyables : la peur et le désir.

Le maréchal Bugeaud savait cela ; et lui, paysan, lui soldat, lui homme des temps nouveaux, il avait les factions en horreur, les factions..... ce sable stérile que sèment les beaux esprits et les fainéants, dans le sillon des civilisations !

Oui, certes, le vieux maréchal de France était dans le vrai, dans le fort, dans le nécessaire quand il dédaignait les lettres sans puissance ; quand il haïssait le journalisme sans autorité ; mais il était bien plus encore dans le vrai quand il frappait les factions, ces monstres qui empêchent de passer l'avenir.

IV.

Je vais essayer à présent de préciser le rôle que le maréchal Bugeaud aurait pu jouer dans la société moderne, au cas où la mort eût épargné ce grand citoyen.

Je dis que seul peut-être il était en situation de faire éclore et de rallier le parti démocratique que la France est en droit d'attendre, et qui tôt ou tard ne lui fera point défaut.

Grâce à ce qu'il n'était point un chef de parti, M. Louis-Napoléon Bonaparte est devenu le premier magistrat du pays.

Grâce à ce qu'il n'appartenait à aucune coterie intellectuelle, à aucune école, le maréchal Bugeaud avait certainement en lui les qualités instinctives pour devenir le grand initiateur du gouvernement républicain.

M. Guizot est sans doute un homme d'une haute valeur, d'une puissance de talent incontestable, d'une autorité politique que personne ne peut nier; cependant M. Guizot est impossible désormais dans le gouvernement de son pays, parce que M. Guizot est le chef de l'école doctrinaire; et que ce grand orateur, plus mort que le maréchal Bugeaud, porte sur ses épaules le suaire de l'éclectisme et de la doctrine, ces deux trépassés de nos révolutions intellectuelles.

M. Thiers est plus mort que M. Guizot, car M. Thiers porte le suaire du libéralisme, ce système de bruit et de néant qui est à la doctrine ce que l'écolier tapageur et indocile est à l'écolier respectueux et travailleur.

Mais qui donc gouvernera, qui donc peut gouverner, parmi tous ces débris de système qui échappent incessamment à la main des metteurs en œuvre?

Car aussi bien il est plus impossible de gouverner sans système que de voyager sans boussole!

V.

Sera-ce la doctrine qui n'a jamais rallié autour d'elle que la rhétorique de tribune et la pédagogie universitaire?

Non, car la doctrine née de la dépravation intellectuelle de Rousseau, violentée par Robespierre le coupeur de têtes, ramassée par Royer-Collard, qui la remet à la mode et la machiavélise, est bien décidément et à jamais morte sous les étreintes rudes et passionnées de François Guizot.

Ce qui m'a toujours profondément surpris, c'est qu'un homme de la taille du célèbre doctrinaire ait pu s'accommoder un moment de ces rogatons philosophiques; et que cet esprit aquilin ait cru pouvoir se nourrir de cette indigeste pâtée, et vivre dans cette cage à poulets.

La doctrine n'est qu'une variante de l'école critique. Toutefois, elle représente la critique savante, le débat sérieux, et l'apparence de l'éclat qui rayonne à la place de la conclusion absente.

A l'époque où nous vivons, si la société française prétendait se satisfaire encore de semblables bagatelles, tout serait perdu en France. Mais cela n'est pas à craindre; car il y a deux spectres vivants qui veillent à la porte du tombeau de la doctrine — le besoin et le danger.

Or, la doctrine parle bien; mais elle ne fait pas pousser un épi dans la terre; mais elle ne donne pas confiance, et ne contient ni amour, ni foi, ni certitude.

Impuissante contre la faim, impuissante contre la peur, la doctrine est donc morte, morte, et à jamais enterrée à côté de l'éclectisme, son compère.

Mais si la doctrine ne doit plus nous gouverner, sera-ce le libéralisme?

Ah! pour l'honneur de la France, non.

Car si la doctrine est la critique forte et savante, le libéralisme est la critique hargneuse, outrecuidante, hypocrite, braillarde, insolente; la critique qui court à toutes

9.

enjambées dans le chemin de la démagogie, et qui tombe à plat-ventre dans la peur dès qu'elle voit apparaître le but.

Entre le libéralisme, cet enfant damné de Voltaire, et le communisme, cet enfant monstrueux de Babœuf et de tant d'autres, il y a tout juste la différence des moyens à la fin, des prémisses à la conclusion. Le libéralisme est un sot qui déchaîne les tigres pour la joie de les voir courir, pour le bonheur de s'en vanter, et qui se sauve à toutes jambes dès qu'il commence à comprendre que le tigre a des griffes et des crocs.

VI.

Non, le maréchal Bugeaud n'était ni doctrinaire, ni libéral, ni voltairien, ni bavouviste. Le paysan de la Dordogne n'était ni l'homme de M. Guizot, ni l'homme de M. Thiers, ni l'homme du roi Louis-Philippe, cette expression suprême du libéralisme voltairien.

Le maréchal était tout simplement le chef instinctif de l'école nouvelle qui sauvera la civilisation, de l'école positive, de l'école laborieuse, de l'école qui crée et qui fonde, en un mot de l'école dogmatique.

Et veut-on savoir maintenant de qui le maréchal était le parrain mystérieux dans cette société indifférente où les puissances philosophiques existent cependant, quoique pour ainsi dire, inconnues et disséminées ?..... Chacun m'a compris, quand j'ai avancé que la sentence révolutionnaire était portée longtemps avant le 24 février; chacun doit me comprendre quand je dis qu'il existe depuis longtemps en France une grande école de philosophie sociale, dont les membres dispersés promènent de toutes parts leur profonde inquiétude et leur magnifique isolement.

Est-il vrai, oui ou non, qu'il y ait dans la société moderne des forces dogmatiques, c'est-à-dire des forces d'affirmation, de création et de fécondation ? Je dis oui, et j'ajoute que le maréchal Bugeaud était le premier, peut-être, parmi ces illustres aventuriers de l'ordre social, ces grands dépaysés d'hier, qui sont les pères de l'avenir.

Étudiez l'école doctrinaire, vous lui verrez ses chefs, ses hommes, ses journaux, ses livres, ses adhérences. Tout ce qui fait un cours de littérature, tout ce qui pédagogise, tout ce qui s'enthousiasme follement des faits passés, méconnaît le présent et raille l'avenir ; tous ces érudits littéraires, politiques, économistes, universitaires.... tout cela c'est l'école doctrinaire. Hier encore, l'école doctrinaire régnait et gouvernait; aujourd'hui, elle se disperse, elle rentre sous terre.

Maintenant, examinez un peu l'école libérale ; et près de ses chefs, à côté de ses journaux, vous la verrez outrecuidante, dépravée, saupoudrée de bel esprit, pleine de bruit, de vent, de forfanterie; ignorante à faire mal au cœur; égorgeant et insultant toute chose sur l'autel d'un bon mot; incrédule à faire pitié, et, dans sa rage de négation, perdant le sens, perdant la tête, et n'ayant plus de force, à l'heure du danger, que pour se réfugier, tremblante, sous la haire de ce même Tartufe qu'elle a si longtemps bafoué. — C'est Figaro qui demande pardon à Bazile, c'est Voltaire qui se fait croyant, c'est Satan qui dissimule sa grimace sous la cape d'un bénédictin.

Mais, en dehors de ces deux écoles, qui sont le côté faible, le côté vulgaire, le côté bourgeois, le côté abattu de la société française, il y a la grande pléiade des nouveaux venus, qui semblent être sortis de terre, comme les précurseurs d'une civilisation nouvelle.

S'imagine-t-on, par exemple, que la littérature de Lamartine, de Balzac, de Hugo, de vingt autres; que les philosophies de Lamennais, de Sand, de Leroux, de Fourier, se rattachent en quelque point que ce soit aux écoles libérale et doctrinaire? Eh! non; tous ces esprits-là sont l'école dogmatique, l'école d'initiation, de force active et de vérité.

Vainement on va me dire : celui-ci s'est rallié à l'école doctrinaire, cet autre à l'école libérale, cet autre à l'école communiste et démagogique; ces derniers se sont jetés à corps perdu dans l'utopie..... A cela je réponds que la situation matérielle de ces hommes-là ne préjuge en rien leur vocation intellectuelle, et que précisément cette anomalie est la preuve de l'affreux abandon où se lamentent les forces dogmatiques de la société française.

Or, je dis que tous ces écrivains, quels que soient d'ailleurs leur talent et leur valeur, étaient déjà le dogme intellectuel, poétique et créateur, tandis que le maréchal Bugeaud demeurait, lui, le dogme travail, le dogme guerrier, le dogme économie sociale. Entre eux et lui, il n'y a d'autre différence que de la tête à la main, du poëme à l'épée, de la méditation au travail. Quelque bizarre que puisse paraître une semblable appréciation, j'ai la conviction profonde qu'elle est vraie, et que la routine de l'esprit public peut seule retarder l'instauration de vérités de cette nature.

Voudrait-on par hasard que je démontrasse pied à pied les analogies philosophiques entre les travaux du vainqueur d'Isly et les vers de Victor Hugo? Vraiment cela serait trop facile; et j'aurais trop beau jeu de mettre ainsi en regard le grand poëte et le grand soldat, l'initiateur agricole et l'initiateur poétique, le semeur de blé et le semeur d'idées, l'homme des razzias pleines de sang et l'homme des drames pleins de terreur.

Quelle différence veut-on voir entre le soldat fanatique d'ordre et de discipline, et le prêtre enthousiaste qui jadis tonnait si haut au nom de la soumission et de l'autorité?

En vérité, tous les hommes qui ont une part sérieuse à l'intellectualité du dix-neuvième siècle sont dogmatistes, car Dieu les a envoyés et les envoie tous les jours pour réagir contre la démagogie, le libéralisme, l'éclectisme, la doctrine, ces pestes sociales qui ont mis la France à deux doigts de sa perte.

Ils se débandent, se fuient, se cramponnent à des ruines, se méconnaissent et se dépravent, c'est possible; ils n'en sont pas moins ce qu'ils sont; et l'on ne saurait les méconnaître pour peu que, ne s'arrêtant point à interroger leur situation dans le monde, on aille tout droit du côté de l'auréole qui décorait leur berceau.

VII.

Mais le maréchal Bugeaud, lui, est demeuré magnifiquement fidèle à lui-même. C'est un homme qui eût tenu dans l'école dogmatique la place que n'y tient nul autre; il y eût amené le peuple des champs et le peuple des camps; il eut forcé le dogme à se faire charrue, épée, usine ou compas. En devenant un peu plus maître, un peu plus metteur en œuvre, son esprit se fût adouci, et il eût cessé de traiter les publicistes comme Fourier traitait les académiciens.

Car il est certain que les tendances intellectuelles, philosophiques et sociales du maréchal Bugeaud étaient pleinement méconnues en France, et que cet homme, qui passera peut-être dans cent ans pour un des premiers explorateurs de la démocratie organique, sera aussi noté comme une des grandes victimes de la légèreté française et du bel esprit libéral.

VII.

Aujourd'hui cependant que le voilà mort, ce que nous avons à faire, nous autres, à qui le fardeau de l'avenir est dévolu, c'est de demander le mot d'ordre à la tombe de cet illustre mort.

Ce que nous avons à faire, c'est de déterminer le système dont il était l'une des plus hautes personnifications, et d'en extraire une pratique gouvernementale.

Car, en vérité, où sommes-nous descendus depuis la révolution de Février, je devrais dire, où ne sommes-nous pas descendus?

Et n'est-ce pas un déplorable et sinistre spectacle que cette cohue intellectuelle, cette confusion des idées, cette Babel des hommes et des partis où la civilisation achève de se diffamer et de s'amoindrir!

Car enfin, la France se plaint, la France se lamente, la France souffre et s'abat dans l'impuissance de ceux qui sont appelés à la gouverner; et pour peu que l'on laissât faire cette nation malade, il n'y aurait pas de jour, pas d'heure où elle ne sacrifiât les derniers débris de sa puissance gouvernementale sur l'autel de l'illusion, de l'utopie et de l'inconnu.

C'est étrange! c'est étrange! Chacun renie sa loi, sa

nature, sa raison d'être ; pas deux hommes qui sachent se rallier, se connaître et se toucher la main ! Les forces sociales, philosophiques, positives, s'agitent dans un nuage en dehors des pratiques gouvernementales ; tandis que les forces égoïstes, violentes, exclusives, se heurtent, se frappent, se devancent et cherchent dans la débauche intellectuelle un succès personnel, un succès menteur qui leur échappe et les laisse à jamais frappées, du moment qu'un pied plus fort les atteint et les repousse.

L'infâme religion *du succès*, l'adoration du fait accompli et le stupide orgueil des gros sous sont là, monstres mort-nés de l'éclectisme et de la doctrine, qui frappent de mensonge et de stérilité notre civilisation tout entière.

Où est chez nous l'affirmation haute et confiante du juste, du vrai, du beau, du grand et du nécessaire ?

Nulle part.

Mais le servile respect de l'apparence ; mais l'intrigue tortueuse roulant ses triples anneaux autour de la force droite ; mais la passion haineuse et stérilisante ; mais ce contentement secret de voir les fainéants à l'œuvre et les courageux sans outils ; mais cet enthousiasme de soi qui emplit le cœur d'amertume et la civilisation de ruines...

Voilà des pratiques qui sont partout, qui suintent par tous les pores de la société française, et qui la traîneraient au tombeau, s'il fallait se fier aux incrédules.

Mais cela ne durera pas, parce que voilà la terreur qui s'en mêle, qui va tuer les énervés, les sceptiques, les athées, et forcer à l'action ceux qui gardent un peu de sang dans le cœur.

Dans les époques de grande monstruosité sociale, quand

il y avait lieu d'affirmer l'homme englouti dans son infamie, le Christ disait de sa voix divine :

« *Sinite parvulos ad me venire.* »

La philosophie éclectique et doctrinaire disait en cette
dernière époque :

« *Sinite divites.* »

Il est temps que l'école dogmatique dise à son tour :

« *Sinite fortes.* »

Ce mot, qui contient tout entière la civilisation française
régénérée, c'était le mot du maréchal Bugeaud; c'était le
verbe de son intelligence; et l'homme du labour, de la
guerre et de la colonisation ne pouvait professer un autre
dogme que celui de la force et de la vérité.

IX.

Or, le maréchal Bugeaud était fort, droit et vrai. Dire
cela, c'est condamner formellement le monde officiel de
ces quinze ou vingt dernières années, et c'est proclamer
le salut possible de la civilisation par l'instauration des
choses fortes et des choses vraies.

Les bourgeois parvenus de notre dernière période au-
ront beau en verser des larmes de sang; le mensonge est
usé, l'intrigue a fait son temps, la scélératesse agréable
n'est plus de mise; la France est dans le bourbier, et ce

qui la sauvera, ce n'est pas la forfanterie libertine des petits esprits ; c'est la rude épaule des sincères et des forts.

Il y a vingt partis politiques en France, vingt partis
appuyés sur les racines mortes des vieux systèmes, et cependant il n'y en a que deux qui prochainement vont se
connaître, se mesurer et prendre rang, le parti critique et
le parti dogmatique.

Mais comme il est vrai de dire que le parti critique est
usé jusqu'à la moelle par soixante ans de succès stériles, il
y a lieu d'espérer que le parti dogmatique va l'emporter
sur toute la ligne, et procéder tant à l'instauration qu'à la
restauration des principes et des faits, qui ont mission de
remettre une âme en cette civilisation qui n'en a plus.

X.

Et pour être fidèles à l'esprit, à l'idée, à la tombe du
maréchal Bugeaud, que feront les dogmatistes ?.. car rien
à présent ne saurait les empêcher de passer ; car l'avenir est
à eux comme les feuilles vertes sont au mois de mai
et les feuilles jaunes au mois de novembre ; car les crocs
de la critique sont brisés ; car ce sont toutes bonnes gens
qui, ne comprenant rien aux dogmes nouveaux, de-
meurent contre eux parfaitement impuissantes ; car
la critique n'est rien que là où elle connaît et domine ;

car la critique n'est rien que l'hyène qui se presse sur les pas des dogmes frappés de mort ; tandis qu'aujourd'hui c'est l'école critique qui tombe et s'engloutit dans ses propres excès, en même temps que le dogme pur et souriant s'échappe des décombres et plane au-dessus ruines.

Que feront-ils, dis-je, les gouvernants de l'avenir, les politiques de la démocratie?

Mais, là, vraiment, ils feront dans la société tout juste ce que le maréchal Bugeaud a fait dans son existence.

Pour premier point, ils s'armeront d'une charrue, et ils entreprendront dans l'universalité de la France, l'œuvre si vaillamment menée à bien par le maréchal dans les bruyères du Périgord.

Ils comprendront que ç'a été une déplorable erreur pour la France que cette rage des chemins de fer dans un pays déplorablement cultivé.

Ils s'armeront de cette manifeste vérité, si souvent répétée par le maréchal, que la France peut nourrir cinquante millions d'âmes ; et ils donneront du travail à ceux qui n'en ont pas et du pain aux pauvres paysans qui mangent de la pâtée de seigle et du gâteau de sarrazin.

Toujours pour être conséquents, ils bâtiront des cités agricoles sur les abominables cloaques que nous appelons des villages, et qui feraient reculer d'horreur un Mohican de l'Amérique du Nord.

Ils accepteront avec force et courage les nécessités de la guerre qui bruit aux quatre coins enflammés de la vieille Europe. Ils traiteront de rêveurs et de vieilles femmes ceux qui ne sauraient ouvrir un œil sans voir le fantôme d'une coalition, comme aussi ceux qui ne prétendent marcher en Europe que pour y traîner après eux le spectre sanglant de la démagogie armée.

A jamais revenus des folies de la propagande, ils feront la guerre pour imposer à l'Europe un peu d'ordre, un peu de justice et un peu de raison , dans la grande volte-face qui se prépare parmi les peuples du continent.

Ils feront la guerre pour rendre à la France démocratique, à la France forte et respectueuse du droit, le rang qui lui est légitimement dû.

Ils feront la guerre, enfin, pour obéir à la force des choses, non pour conquérir, non pour soulever, non pour mettre les nations à feu et à sang ; mais bien, au contraire, pour mettre le holà de l'intelligence et de la raison au milieu de cette rage d'émeute et de cette rage de guerre dont le monde est épouvanté.

La guerre ! tant pis pour ceux qui la cherchent ; mais trois fois tant pis pour ceux qui la craignent ! Et je ne sais si c'est la foi qui me trompe, mais je crois en vérité que les enfants du *père la Casquette* ne feraient pas trop mauvaise figure à s'aller promener une seconde fois dans les champs d'Austerlitz et de Marengo pour l'honneur de la démocratie organique, afin que les rapsodes de l'avenir pussent écrire dans leurs poëmes :

Romanas acies iterùm videre Philippi.

XI.

Ils feront encore autre chose, les zélateurs de l'école dogmatique.

Toujours en honneur du maréchal Bugeaud, ils implanteront dans la démocratie moderne, et d'une indestructible manière, les grandes conditions d'ordre et d'autorité, sans lesquelles toute révolution n'est qu'un malheur bientôt suivi d'un malheur nouveau.

Ils rallieront en un indestructible faisceau toutes les forces morales, intelligentes et laborieuses de la Société française.

Ils enverront méditer un peu sur l'instabilité des choses humaines le bourgeois impertinent qui se proclame un demi-dieu pour avoir hérité vingt écus de rentes du comptoir de monsieur son père.

Ils prieront poliment le financier de demeurer à la Bourse, d'y savourer tranquillement le succès et d'y attendre résolument la ruine; mais ils lui refuseront l'empire, pour le donner à l'intelligence, au patriotisme, à la force et à la vertu.

Car, ce qui manque à la France et ce que possède à un si haut degré l'Angleterre, c'est une pépinière où l'on rencontre, avec toutes les conditions d'ordre, de patriotisme et de probité politique, des hommes de gouvernement.

Or, l'illusion où est tombée la France libérale et doctrinaire est celle-ci :

« L'Angleterre gouverne par les riches ; donc la France doit faire des riches et se donner à eux corps et âme. »

Cruelle et désolante erreur !

Les riches d'Angleterre sont depuis des siècles les maîtres de l'Etat. Non-seulement ils ont la fortune , mais ils ont le sol, mais ils ont l'intelligence, mais ils ont la grandeur, mais ils ont le dévouement au pays ; et du haut de leur quiétude personnelle, ils gouvernent la vieille Angleterre, sans rien espérer que l'honneur de bien faire, sans rien craindre que les malheurs de l'État.

Quant à nous, faibles et insensés que nous sommes , nous voulons gouverner avec les aventuriers de la fortune , avec les pirates , avec les hommes qui ne voient l'État que comme une vache à traire et un feuillage à ronger.

Et tandis que l'Angleterre gouverne par la raison, par la froide logique de ses intérêts et de sa grandeur, nous autres.... nous gouvernons par l'ambition besogneuse et famélique, nous gouvernons par la corruption.

Voilà qui ne peut pas durer. Et je ne connais pas, quant à moi, cent moyens d'échapper à l'influence dissolvante des hommes qui arrivent dans l'État avec l'idée d'une fortune à faire ; je n'en connais que deux : confier le pouvoir au suzerain qui domine la richesse, ou au pauvre qui la méprise.

Or, une démocratie qui monte est plus difficile à conduire qu'une aristocratie qui penche.

La France est démocratique : cela n'est pas une opinion, c'est un fait, un fait vivant et incontestable.

Il faut donc que la France soit démocratiquement gouvernée, c'est à dire, par la force morale et la force intellectuelle, soit qu'il faille les aller chercher dans le manoir de la vieille noblesse, dans la mansarde de l'ouvrier ou sous le chaume du paysan.

A la France en danger il faut des cœurs dévoués et des esprits austères.

Arrière les traitants qui ne se mettent à genoux que pour interroger le télégraphe; et qui font la hausse avec le baiser des Cosaques sur le sein de leurs filles évanouies ! Arrière les fournisseurs sans esprit, et les Salomon de village, qui n'arrivent aux affaires que pour les encombrer de leur sottise, de leur outrecuidance et de leur avidité !

Arrière tout ce qui est égoïste, peureux, corrompu, imbécile, lassé de l'échine et ramolli du cerveau !

— Du travail et des idées ! tel est le mot de la France ; et là est tout son avenir.

Une charrue, une épée, un livre, tels sont les symboles de la démocratie organique.

Essayer de déplacer la situation serait un crime ; temporiser serait une faute. Notre édifice social est ébranlé jusqu'en ses fondements. La grêle a cassé nos vitres; le vent passe à travers nos maisons ; le Barbare est à nos portes, le voleur dans nos caves et l'assassin à tous les coins de carrefours.

Au nom de l'humanité tout entière, mettons-nous à l'ouvrage; oublions nos querelles, n'attendons pas l'incendie, et ne nous amusons point à nous insulter, à nous stériliser les uns les autres, s'il est vrai que la torpeur soit dans nos âmes et la fièvre dans nos esprits.

Enseignons au peuple que l'égalité n'est que le rêve des lâches et des envieux; que la fraternité n'est qu'un sentiment qui n'a jamais résolu le plus petit des problèmes; et qu'en un mot, il n'y a de politique active, de gouvernement sérieux que dans les entrailles de ces deux verbes de l'avenir : LIBERTÉ, AUTORITÉ.

FIN.

TABLE DES MATIÈRES.